新型农村干部暨大学生村官培训丛书

农村土地资源利用与保护

主　编

刘　芳

副主编

桂　琳　郭爱云

编著者

刘　芳　桂　琳　郭爱云

金盾出版社

内 容 提 要

本书为“新型农村干部暨大学生村官培训丛书”的一个分册。内容包括：农村土地利用与保护概述，农村土地利用规划与管理，农村耕作用地管理，农村建设用地管理，农村土地资源保护与整治，农村土地流转，农村土地资源利用与保护的法制管理。内容系统完整，语言通俗易懂。适合各级党的组织部门，政府农业部门及负责农村干部、大学生村官培训的专门机构组织农村干部、大学生村官培训时使用，亦可供相关部门的干部、农业院校相关专业的师生阅读参考。

图书在版编目(CIP)数据

农村土地资源利用与保护/刘芳主编．—北京：金盾出版社，2010.1(2016.2重印)
(新型农村干部暨大学生村官培训丛书)
ISBN 978-7-5082-5957-4

Ⅰ.①农… Ⅱ.①刘… Ⅲ.①农村—土地资源—资源利用—中国②农村—土地资源—资源保护—中国 Ⅳ.①F323.211

中国版本图书馆CIP数据核字(2009)第145679号

金盾出版社出版、总发行
北京太平路5号(地铁万寿路站往南)
邮政编码：100036 电话：68214039 83219215
传真：68276683 网址：www.jdcbs.cn
封面印刷：北京凌奇印刷有限责任公司
正文印刷：北京万博诚印刷有限公司
装订：北京万博诚印刷有限公司
各地新华书店经销

开本：850×1168 1/32 印张：6.5 字数：150千字
2016年2月第1版第4次印刷
印数：19 001～22 000册 定价：11.00元

序

党的十六届五中全会提出，推进社会主义新农村建设是现代化进程中的重大历史任务，是党领导亿万农民共同进行的一项伟大事业，是经济社会发展进入新阶段的客观要求，是全面建设小康社会、构建社会主义和谐社会的迫切需求，是巩固党的执政基础的重要举措。全面建设小康社会、推进现代化建设最艰巨、最繁重的任务在农村，落实科学发展观、构建和谐社会的重点和难点也在农村。农村干部是贯彻落实党在农村各项方针政策的组织者和领导者，担负着领导、管理、组织农村经济社会发展的重任，是推进农村改革发展的骨干力量。建设一支守信念、讲奉献、有本领、重品行的农村基层干部队伍，对做好农村工作至关重要。加强农村干部作风建设，关系到党的路线方针政策在农村的贯彻执行，关系到党和政府的形象，关系到农村的社会稳定。处于最基层的村干部群体，“官”虽不大，却掌管着农村政务及村民生活的大事小情。中国有8亿农民，分布在60多万个行政村中，约有500万村干部在管理这些村庄。建设社会主义新农村，他们的作用举足轻重。由此可见，不断提高他们的素质的重要性和紧迫性。

为了加强农村基层建设，不断提高农村的管理水平，党和政府做出了为广大农村配备大学生村官的重大决策。2008年，中央组织部等有关部门决定，用5年时间选聘10万名高校毕业生到农村任职。中共中央政治局委员、中央书记处书记、中组部部长李源潮同志指出，要切实做好选聘高校毕业生到村任职工作，这既是为社会主义新农村建设培养骨干力量，更是新时期培养新一代德才兼备干部的重要途径，也是党和政府在十七大后所做出的最具战略意义的重大决策。实践证明，实施大学生“村官”工作计划对打破农村人才匮乏局面，改善农村干部队伍的人才结构，提高农村干部的整体素质，促进科技成果转化和推广，促进农村公共管理水平提高和城乡人才双向流动，拓宽培养选拔干部途径，推进新农村与和谐社会建设具有重要意义和积极作用。大学生村官在发展农业、致富农民、建设新农村的过程中，不负重托、不辱使命、不畏艰难，扎根基层，扎实工作，历练人生，施展才华，以实际行动赢得了广大干部群众的欢迎和赞誉，用自己的智慧和汗水谱写无愧于时代的青春壮丽篇章。但是我们也应该看到，这些大学生刚从精美的“象牙塔”中走出，如何使他们尽快适应农村的生活、做好农村工作，尚需进行深入细微的引导、教育和培养。

多年来，以北京农学院院长、北京新农村建设研究基地主任王有年教授为代表的一大批长期致力于“三农”问题研究的专家、学者，开展了形式多样的科教兴村富民活动，他们在组织编写出版“城郊新农村建设丛书”(14 本)，“大学生村官培训教程”的基础上，为不断提高农村基层干部和大学生村官的素质，再次与金盾出版社联袂推出“新型农村干部暨大学生村官培训丛书”。这套“丛书”的出版，有助于加强对基层农村干部和大学生村官的岗位培训，提高他们的综合素质，实现带领广大农村群众奔小康、构建社会主义和谐新农村的历史使命。

编委会人员为出好这套“丛书”进行了多方调研和精心策划，从现阶段农村干部和大学生村官培训的实际出发，将培训的热点和重点归纳为 15 个选题，组织了数十位富有农村工作及农业科技实践经验的专家、学者精心编写。因此，“丛书”具有很强的针对性、实用性和可读性。我相信，这套“丛书”既可作为农村基层干部和大学生村官岗位培训指导用书，也是实施“科普惠农兴村计划”的有益读本。

舒惠国

2009 年 11 月 18 日

注：舒惠国同志为全国人大农业与农村委员会副主任、中国农学会副会长

目　录

目　录

第一章　农村土地资源利用与保护概述

第一节　农村土地的概念

人们已熟悉经济学家威廉·配第的一句话："劳动是财富之父，土地是财富之母。"财富能提高人类的生活质量，是福利水平的表现，是社会进步、人类发展的标志，作为财富之母的土地与人类的生存和发展密切相关。从某种角度说，人类经济社会的发展史就是一部人类与土地关系的发展史。其中土地的概念与内涵也在这一发展过程中不断地丰富与深化。

一、土地的含义

人们对土地含义的理解是随着经济社会发展进程而不断发展的，是在科技进步的过程中人们对土地意义的认识和理解逐步加深而不断深化的。

早期，人类土地利用的最主要形式就是生产食物，这是人类对人地关系最初的认识阶段。此阶段，人们对土地的认识往往局限于地球表层具有肥力的部分。因此，较早的土地概念等同于现在人们所理解的土壤概念。更进一步的看法是，土地是陆地的表层，是地球表面区别于海洋的部分，或不为海水所浸没的部分。其中又有 2 种看法：一种是"纯粹的"陆地；另一种则把江河、湖泊、水库等一切内陆水面包括在土地的范围之内。一般人理解的土地，通常是指地球表面的陆地部分，而不包括内陆水面。由于人类只能生存在陆地上，陆地的利用远比水面更充分与得心应手。其实内陆水面只是一种被水所淹的低洼的地面，一旦积水排去，水面即成为陆地，因此内陆水面仅是土地表现形式的改变，应包含在土地概念之中。再进一步发展，人们认识到土地是一个自然整体。我国《经济学大辞典》(1983年版)给土地所下的定义指出，土地是“由地貌、土壤、岩石、水文、气候、植被等所组成的自然综合体”。1972年联合国粮农组织所召开的土地评价专家会议所下的土地定义是:“土地包含地球特定地域表面及其以上和以下的大气、土壤及基础地质、水文和植被。它还包含这一地域范围内过去和目前人类活动的种种后果，以及动物对目前和未来人类利用土地所施加的影响。”这一定义把人类活动、动物活动所产生的结果和影响包括在土地的构成之中，意味着土地的构成及其面貌，除了因自然力的作用而改变外，还因人类的经济活动而发生变化。周诚教授将土地概念归纳为:“土地是由地球表面的陆地部分(包括陆地、内陆水域和海涂)以上和以下的一定幅度的空间(包括大气层和地壳)中的自然物(包括空气、水、土壤、生物、沙砾、岩石、矿物)及人类活动的某些结果所组成的自然一经济综合体。”至此，人们对土地的认识又延伸到:土地是一个自然、经济与历史的综合体，表现出整体空间功能性。

经济学家给出了范围更为广泛的土地概念。经济学家将一切种类的自然资源简称为土地——包括一切自然物质与自然力。经济学家对土地的理解侧重于大自然所赋予的东西，将土地视为自然资源和自然力的代名词。因此，威廉·配第说“劳动是财富之父，土地是财富之母”。英国经济学家马歇尔给土地下的定义是:“土地是指自然为辅助人类而自由给予的陆、水、空气和光热等各种物质与能力。”美国的 V. W. Johnson 等说:“土地是自然为人类现在或可能长久的福利而供应之资源。”经济学者 Raymond T. Bye 说:“土地是包括一切自然资源和自然生产力，凡人能占有地面者即可管制这些资源和能力。”美国经济学者伊莱博士等曾经说过，经济学家所用的土地这一名词指自然资源或自然的力量，不是单指地球的表面，也包括地面以上和地面以下的一切物质。萨缪尔森和诺德豪斯在他们的《经济学》一书中说到："土地或较普遍的说法，自然资源，是指生产过程中大自然的礼物。它包括：农业、住房、工厂和道路等所使用的土地；给汽车加油或给房间供暖的能源；还有诸如铜、铁矿石和沙等非能源资源。在今天这个拥挤的世界上，我们必须拓宽自然资源的范畴，将环境资源——清新的空气和适合饮用的水——也视为一种自然资源。"可见，土地的意义和内涵会随着其稀缺性与选择性的增加而增大。

从经济学家对土地的解释中可看出土地是指自然资源的一个整体，并占有空间固定的位置而不能移动。Johnson 和 Barlowe 合著的《土地问题与政策》一书中说到："我们将自然物质看做是土地的一种概念，只是当这些物质继续与某一块地球表面保持不可分离的财产关系时，才可能如此的。"在经济学家的目光中，土地是包含所有的原始而非人力创造之能力和原料物质并加上空间地位，但由地上所培植的或由地中所采取的原料物质，则称为资本物了。由此可知，土地是构成地球表面的自然物和自然力，并有固定的位置，不能与地壳分离。土地不论形式如何，必附着空气、日光、热能、吸力及许多自然的生物与矿物，综合起来统称自然资源，构成土地的整体，其中可划分为物质和能力两部分，即包含有形与无形两类资源。有形的是水面和陆地所含的各种自然物质，无形的是空气及各种自然力量。人们占有某块土地的有形部分，即很自然地控制了并利用其无形部分。倘若没有这些无形的资源附着于有形的实质土地，则土地的生产力及利用价值就将大部或全部消失。

综上所述，可见土地的概念与内涵是随社会的发展，沿着下列过程而不断丰富的：有肥力的地球地表层－地球表面的陆地部分－地球表面的陆地、水面及滩涂部分－土地是一个多层次立体空间－土地是受自然力与人类经济活动影响后而形成的自然历史综合体－土地是所有的自然资源－土地是能形成整体功能的自然资源－土地是具有固定空间位置的有形与无形自然资源的综合整体。可见，土地的意义和内涵总是随人类知识的发展与科技的进步而不断丰富。

就目前而言，人们对土地含义的说明有狭义、广义与最广义之分。狭义的土地仅指地球上的“纯陆地”部分，是人们日常概念中所称之的土地，一般所谓土地问题及土地政策制定多半是以此土地含义为中心。广义的土地，系指地球表面之陆地、水面及滩涂。随着科技的进步、土地供需矛盾的尖锐、食物结构的改变，良好生存环境的需求，使陆地以外的土地将会发挥越来越重要的作用。最广义的土地概念就是经济学家所定义的自然资源。其中包含自然物（如陆地、山岳、河川、湖泊、海洋、水流、潮汐等）和自然力（如空气、日光、湿气、热力、风力、吸力、黏着力、膨胀力等）。

二、农村土地的概念

《中华人民共和国农村土地承包法》明确指出：“农村土地是指农民集体所有和国家所有依法由农民集体使用的耕地、林地、草地，以及依法用于农业的土地。”“农村土地承包采取农村集体经济组织内部的家庭承包方式，不宜采取家庭承包方式的荒山、荒沟、荒丘、荒滩等农村土地，可以采取招标、拍卖、公开协商等方式承包。”《中华人民共和国土地管理法》第 4 条中规定：“农用地是指直接用于农业生产的土地，包括耕地、林地、草地、农田水利用地、养殖水面等。”本书中的农村土地利用是指农村土地利用，它包括耕地、林地、草地，以及荒山、荒沟、荒丘、荒滩等。

农村土地是用于从事农业生产的土地，是土地利用中最重要的部分，它具有一般土地的全部特性。因此，深刻了解土地的内涵，把握土地的特点，对于农村土地的高效、持续利用是十分重要的。

三、农村土地的分类

农村土地是一个综合体，用途很广，可以根据所有制和用途的不同分成若干类。

(一)从所有制上划分

《宪法》和《土地管理法》规定："中华人民共和国实行土地的社会主义公有制，即全民所有制和劳动群众集体所有制。"农村土地，无论从广义上讲，还是从狭义上讲，依照法律规定都分别属全民所有即国家所有和农村劳动群众集体所有 2 种形式。

全民所有的农村土地主要包括：国营农、林、牧、渔场的土地，国有森林、草原、荒山、荒地，国有水域和在农村的国家机关和国营企事业单位使用的土地。

集体所有制的土地主要包括：从事农业、林业、牧业、渔业、水果生产经营和乡镇企业使用的土地，集体荒山、荒地、水域和农村居民的宅基地、自留山、自留地等。

(二)按使用性质来划分

1. 耕地　用于农业种植业生产的土地叫做耕地。耕地是农村土地的精华，也是研究农村土地的主体。农业经济发展主要靠耕地。在我国，农业是国民经济的基础，耕地是农业生产的基础。没有耕地就谈不上农业的发展，没有农业的发展，国民经济的发展就要受到极大的制约。因此，耕地在我国国民经济中占有头等重要的地位。

耕地有全民所有的，也有集体所有的，绝大多数是集体所有的。全民所有的耕地，主要是指各级国营农场和少数全民所有制科研、学校等单位用于种植业的土地。集体所有的耕地，是指各级农业集体经济组织所有的土地。

2. 林地　用于林业生产的土地叫林地。林地在一个国家中也占有重要地位。林地不仅是国家建设需要木材、林化工产品、经济林果产品等所必需的基础，而且还具有净化环境、调剂气候、水土保持、减缓洪涝、干旱和泥石流、滑坡等自然灾害的重大作用。许多国家都把努力提高林地利用率，增加森林覆盖面积作为考核指标来加强林地管理。所以，人们把林地，特别是有茂密森林的林地称之为人类社会发展的生态屏障。

林地也同耕地一样，有全民所有的，也有集体所有的。不同的是国家所有的林地比集体所有林地要多得多。我国原始森林和各级国营林场的林地，均属全民所有。

林地还有林地与疏林地之分，自然林与人工林之别。在林业方面有科学的规定，这里不多述。

3. 草地 草原或种植牧草的土地，野生草山、草坡土地，均可通称为草地。草地，尤其是大片草原，是我国畜牧业发展的重要基地。草地也可分全民所有和集体所有两部分。在草原集中的地方全民所有的占多数，南方各省除四川、云南、贵州、广西等省、自治区有大片草原草地外，零星的草山、草坡多数属集体所有。

4. 水域用地 主要是指内陆水域的土地。内陆水域有天然水域和人工水域之分。天然水域主要是指天然形成的河流、湖泊，包括水面、堤坝内滩涂在内，这类土地一般属于国家所有；人工水域，也可称工程水域，主要是指人工建造的水利工程及淹没区占用的土地，如水库、塘堰、渠系及水电工程等。这类土地按工程大小和投资渠道来划分，一般小型工程项目的用地属于集体所有，大中型项目的用地（包括淹没区，征用、划拨以后）属于国家所有。

内陆水域是发展渔业生产的重要场所，近年来我国内陆淡水渔业发展很快，“十五”期间比“九五”期间产量成倍增长，为我国城乡居民改善食品结构，发挥了重要作用。

5. 乡（镇）企业、事业单位用地 依照我国法律规定，乡（镇）企、村企、事业单位和农村个体户、工商户用地，不实行征用。土地所有权仍为集体经济组织所有。由于这些用地均依法进行了补偿，占用耕地的还交纳了耕地占用税，并相应核减了农业税，其土地所有权也相应转变为使用土地单位和个人隶属的农业集体经济组织所有，而不能仍为原来的农业集体经济组织所有。

乡(镇)企业用地，包括农村个体工商户用地，也是农村土地的一个重要组成部分。我国乡(镇)企业的产值已大大超过了农业产值;管好用好乡(镇)、村企业和农村个体工商户的用地，是今后一个相当时期内搞好农村土地管理的重要方面。

6. 园地　园地在农村到处可见。农业产业结构的调整和城乡人民生活水平的提高，使许多地方把适于发展水果、茶叶、蚕桑、药材等经济作物的土地，开辟为各种园地。园地有利用耕地的，也有利用非耕地的。它与耕地相同之点都是用于种植业。不同之处:一是在管理方面有的属于农业部门，有的属于林业部门或其他部门;二是植物多为多年生长，只要气候适宜在坡度较大的地方也能很好生长。

园地在农村土地中所占的比重不大，但它所生产的产品——水果、蚕丝、茶叶、药材等都是我国重要的出口创汇商品。因此，在土地管理上，一般把园地视为耕地对待。

7. 农村居民用地　农村居民的宅基地、自留地、自留山等属于这类。宅基地是农村居民栖身的场所，依照我国法律规定，农村居民经合法批准，可以占用规定面积的土地修建住宅。农村居民的宅基地，既是生活用地，又是生产用地。许多农民除歇息外，还在宅基地上修建的农舍内养猪、养牛、养羊、养禽、养蚕，从事手工劳动，堆放生产工具，贮存粮食等，有的甚至搞一些种植业，发展庭院经济。农村宅基地在农村中的地位是很重要的。

农村居民的自留地、自留山，是我国在实行土地公有制的前提下，在“人民公社化”时期形成的，当时为解决农民吃菜和饲料、燃料等问题，划出一部分土地供农民个体经营，称之为自留地、自留山，所生产的产品由农民私人支配，不纳入集体统一分配，在当时起到了积极的作用。宅基地、自留地、自留山等都属于该农民所在的农业集体经济组织所有。

8. 铁路、公路、邮电等线路用地 在农村中，铁路、公路、邮电通讯用地，几乎深入到农村各地。越是经济发达的地方，铁路、公路和邮电通讯线路越多。这是一种特殊用地，铁路、公路运输和邮电通讯事业的发展，是一个国家国民经济发展、社会繁荣的象征。没有铁路、公路等交通运输，物资就得不到交流，商品无法流通，生产将受到极大制约，生产出来的东西卖不出去，需要的东西也运不进来，经济当然就无法发展；邮电通讯是交流信息，促进社会、经济发展的重要手段，信息不灵，经济技术情报得不到交流，生产也很难搞上去。过去那些人烟稀少、生产落后的地方，铁路、公路一通，经济也随之发展起来，许多城市和集镇也因铁路、公路的修建，邮电通讯的发展，逐步兴旺起来，尤其是一些新兴的工业重镇，拔地而起，成了我国重要的工业基地。

铁路、公路和邮电通讯线路，大多分布在农村，它们的用地受到国家法律的保护，广大农村居民要积极配合有关部门保护好、使用好和管理好。

四、农村土地的特点

(一)农村土地是农业生产活动的基本生产资料

在工业生产及其他经济活动中，土地只起着基地和场所的作用。在农业生产中，土地不仅为农业生产提供空间场所，更重要的是它为农作物生长发育提供所必需的光能、水、肥、气、热 5 大生存要素。农村土地提供这 5 大要素的能力决定了农业生产的能力。所以对农业生产来说土地是不可代替的，农业生产是建立在对农村土地自然生产力利用的基础上。农村土地利用形成的效益是自然生产力与经济生产力共同作用的结果。自然生产力是经济生产力的基础。因此，在农村土地利用中要特别重视遵循和利用自然规律，保护好农村土地的自然生产力。

（二）农村土地生产力是自然历史过程和人类经济活动的产物

农村土地的面积、质量和类型都不能任意创造。人类只能在一定的范围内和一定的程度上，随着技术水平的提高，将一些非农用土地改造为农用地，劣等地改造为优等地。但与此同时，不合理的土地利用行为也会使优等地蜕变为劣等地，甚至荒漠化。农村土地利用这一特点说明了农村土地利用问题的严峻性，农村土地利用方式关系到人类的生存与发展。

（三）农村土地生产力是一种可再生资源

这意味着只要人类农村土地利用方式合理，农村土地生产力不仅不会下降，甚至还会增强。但如果农村土地生产力被人类不合理的土地利用方式所破坏，要想恢复农村土地的生产力也将是十分困难与漫长的过程。农村土地利用这一特点再次说明农村土地利用问题的严峻性。

（四）农村土地利用具有多种效益

很长时期以来，人类主要是获取农村土地利用的经济效益。随着经济社会的发展和人类生活水平的提高，农村土地利用美化景观、提供休闲、改善生态环境的效益，越来越成为人类生活的需求，农村土地利用的内容也由此而丰富。如何协调农村土地利用多种功能的发挥，对农村土地利用政策与农村土地利用管理体制的创新提出了挑战。

（五）农村土地利用的监督费用高

农村土地空间位置的固定性形成了农村土地利用的地域分散性，农村土地数量有限性形成地块的零碎性，农村土地利用的季节性与农村土地生产时间与劳动时间的不一致性等，使对农村土地利用实行有效监督的费用极高。因此，合理的政策安排与管理模式的制定是提高农村土地利用效率的关键。

五、农村土地的基本情况

在我国,农村土地是土地资源的主体。无论从广义方面还是从狭义方面来看,农村土地在我国土地总量中都占有重要地位。我国农村土地的情况非常复杂,其基本情况主要有以下几个特点。

(一)山多平地少

据有关资料记载,我国土地面积共有 960 万千米^2,但地形十分复杂,全国山地约占 66%(其中高、中山地占 51.9%,高原占 2.4%,丘陵占 11.7%),平地占 34%(其中平原占 27.2%,浅丘间插平地占 6.3%,湖泊占 0.5%)。

在山地中,海拔 3 000 米以上的高山、高原有 240 多万千米^2,占全国总面积的 25%,这些地方地势高,气温低,许多山地坡度很大,长年被冰雪覆盖,有的岩石裸露,悬岩陡壁。这些地方不仅没有村落,连人烟也十分稀少。

(二)土地利用率比较低

在我国农村土地中,现有耕地只有 9 333 万公顷,占全国土地面积的 10%左右;林地 12 000 万公顷,占全国土地面积的 12.5%左右;草地 40 000 万公顷,占全国土地面积的 40%左右;湖泊水面 2 667 万公顷,占全国土地面积的 3%左右;海岸滩涂 173.33 万公顷,占全国土地面积的 0.2%,沙漠、戈壁、冰川和永久积雪地带达 18 000 万公顷,占全国土地面积的 19%;此外还有沿海岛屿及其他土地 6 667 万公顷,占全国土地面积的 10%以上。

这些土地中除耕地外,生产效率比较低。林地:全国平均每 667 米^2 木材积蓄量为 5 米^3,只及世界平均水平 7.3 米^3 的 70%,而且不便采伐的过熟林和新植造的未成熟林占的比重很大。许多林地采伐后亟待更新,有的已成了灌丛地。草地:退化严重,40 000 万公顷草地中,现利用的 26 667 万公顷,约占 70%。由于草原过牧,载畜量过大,加上不断沙化,已有 40%以上的草地生产力大大下降。南方各省、自治区约有4 000万公顷草山、草坡还没有充分利用。其余还有约13 333万公顷草地属于高山草甸、高寒地带，有的被冰雪长期覆盖，基本上没有利用或利用很少。至于沙漠、戈壁和永冻带土地，利用率更低，除地质勘探、少量工业交通建设外，在农业方面基本没有利用。

(三)土地资源利用在地区分布上很不平衡

据统计，我国用于农、林、牧、渔的土地有66 667万公顷，约占全国土地面积的70%。其中99%以上的耕地、林地和水域分布在我国东北、东南和西南地区，而绝大多数的草地则集中在西北地区。主要原因是我国东、南部地区气候比较温和，雨水较多，适于各种植物生长；西北地区气候寒冷，降水量偏少，农业和林业生产受到极大制约。如果在新疆大沙漠和西北其他地区，一旦解决了水的供应，农业生产就将有很大发展。

(四)自然灾害严重

由于我国人口增长太快，加上农业中的不合理经营，大量砍伐木材，乱挖滥采矿产资源等，致使我国农村土地连年遭受各种自然灾害的侵袭。新中国成立60年来，每年平均有80%以上的耕地遭到不同程度的水旱灾害，有的地方是一年数灾。水、旱、冰雹、风灾交替发生。南方各省、自治区泥石流、滑坡等山地灾害也很严重。云南、四川、贵州、广西和湖南、湖北的西部等地区以及东北部分地区是我国山地灾害发生较多的地方，每年到了雨季，一些山地山洪暴发，石土俱下，给当地居民和国家财产造成巨大损失。就全国情况来看，水土流失面积达150万千米^2，占全国土地面积的16%左右。其中长江上游地区各省、自治区最为严重，水土流失面积超过30%。四川省达43%。全国每年流失肥土高达150多亿吨。由于水土流失，黄河下游每年河床要增高2厘米左右。

北方地区土地沙化也很严重。据统计，我国现有沙化土地1 733万公顷，占国土面积的近1/5，涉及30个省、自治区、直辖市、近900个县和4亿人口,草场退化面积达4 667万公顷。

污染严重。由于工业"三废"和农业施用化肥、农药不当,全国农村耕地,大多地区基本上都遭到不同程度的污染。

(五)浪费现象比较严重

我国农村土地在一些地区浪费十分惊人。平均每年有数百万亩耕地被占用,有的用于国家建设,有的用于发展乡镇企业,有的用于农村居民建房,大约各占1/3。这些用地中,有的是经过合法批准的,有的是未经批准违法占用的,有的是合理占用的,有的是不合理占用的。

土地荒芜也到处可见。有的工矿企业征而不用,圈占大量耕地长期荒芜;有的农民弃农经商、务工,撂荒耕地或种"应付田",致使土地荒芜。

(六)数据不准

我国各种土地到底有多少,到现在还没有准确数据。耕地面积统计数是按习惯亩计算,实际详查数要比统计数大得多。各地统计耕地的具体情况也有所不同,"习惯亩"是土地改革时按当时产量估算的,实际丈量下来有的大于1亩,有的差不多,有的还不到1亩。林地、草地往往左右交叉,特别是疏林地,林业部门把它统计为林地,畜牧部门往往又统计为草地。耕地中的坡耕地与林地、草地也有交叉,各部门也有重复统计的现象。因此,在一个地区有时会出现各种土地统计之和大于土地总面积的情况。

(七)管理比较薄弱

我国农村土地,在《土地管理法》颁布实施之前,管理工作是比较薄弱的。许多地方土地怎么用,哪一块地用于什么产业,往往是领导说了算,领导指手为界,权属关系不清,致使《土地管理法》颁布后,各地因土地问题纠纷不断。主要表现形式有:群众与群众之间的宅基地、承包经营地之争;群众与集体之间的承、发包之争;集体与集体之间的所有权之争;国家单位与集体之间的所有权和使用权之争；地区与地区之间的林权之争和草地放牧权之争；还有林草之争、河道部门与农业集体土地权属之争等。地界不明，权属不清，集中到一点都是为了利益而争，而这又多因为过去土地管理混乱所致。

自《土地管理法》颁布实施以后，我国农村土地开始走上了依法管理的轨道，过去那种乱占滥用土地的歪风已基本刹住。特别可喜的是实行承包经营责任制以后，农村土地生产力大幅度提高，以占世界6%的耕地养活了占世界20%的人口，而且逐渐摆脱贫困，开始由“温饱”型向“小康”型过渡。这是我国农民利用农村土地的一大贡献。

第二节　农村土地资源利用与保护基本理论

一、农村土地资源利用的基本理论

(一)农业区位理论

农业区位理论的中心内容是：农业土地利用类型和农业土地经营集约化程度，不仅取决于土地的天然特性，而且更重要的是依赖于当时的经济状况和生产力发展水平，其中尤其是农业生产用地到农产品消费地(市场)的距离。它假设：①在一个大面积的区域内，有一个圆形范围的“国家”，这个“国家”的土地是一定的，且完全被投入使用，并要获得尽可能高的纯收益；②在“孤立国”中只有一个城市，且位于其中心，其他都是农业用地，城市是农产品的消费中心；③在城市和其郊区之间只有路上大道联系；④在这个“国家”中，各地的土壤质量和气候特点都是相同的；⑤运输费用与农产品的重量和生产地到消费市场的距离成正比例。从这些假设条件出发，经济学家屠能推导出关于农村土地利用类型的下述结论：在距城市最近的郊区，可以生产新鲜的、不适宜长途运输或者是重量大、单位重量价值低的农产品。由于城市中每种农产品销售价格是一定的,生产这种农产品的企业愈靠近城市,纯收益就愈大。但当靠近消费中心的农业企业的产品不能全部满足市场需求时,市场价格就将提高,结果会扩展农产品的生产范围。相反,如果市场上某种农产品的消费需求可以从城市近郊得到满足,那么距市场远一些的企业就应种植单位重量价值较大的产品,这样可以使生产资料和劳动费用相对下降。其结果导致:随着到消费地距离的增加,农村土地经营愈粗放;距城市最近的郊区,经营最集约。由此屠能认为:城市周围农村土地的利用类型以及农业集约化程度都是呈圈层变化的。围绕城市消费中心形成一系列的同心圆,被称为"屠能圈",其相应的利用类型为:①第一圈距市场最近,种植园艺作物,饲养奶牛,以及种植饲料等;②第二圈发展林业,因为它的产品量大,运费高;③第三圈以非常集约的方式种植农作物,实行 2 年轮作;④第四圈种植牧草、放牧,以及粮食,不实行集约生产;⑤第五圈实行粗放的 3 年轮作制;⑥第六圈放牧,也可以发展粗放的种植业。

从经济上看,屠能理论的核心是农业生产者所处位置的级差地租。在这里,位置级差地租可以解释为土地作为经济利用时的价格,它与需求之间是正相关的。这为土地资源的合理利用提供了一个重要的经济依据。

位置级差地租使由于距离产品消费中心位置不同而产生的大小不同的土地纯收益,直接反映了农村土地资源利用的区位效益。屠能理论研究的是农业土地资源的利用,农业生产的区位选择——农业土地利用类型及配置问题,"屠能圈"本身即是一种农业土地利用类型模式。由于农业生产对土地的强烈依赖性,农业生产受土地条件的严格限制,农业土地利用的区位过程就只能是在同等土地条件下、受其他社会经济因素影响时,才得以体现出来。也就是说,在相同的自然地理条件下,影响农业土地利用区位选择的主导因素是生产地到消费地之间的距离。在这种距离因素的影响下，农业生产的空间差异不仅表现在产品方向上，而且表现在经营种类、经营方式和强度上。

随着社会的进步和经济技术的发展，尽管屠能所提出的影响农业土地利用区位过程的主导因素——生产地到消费地之间的经济距离和时间距离较之它们之间的地理距离已大为缩短，加上冷藏车的利用，使得某些新鲜产品也可以在较远处生产，由较远距离处供应，但只要还存在着面向集中的消费市场而进行的农业生产和因距离差别而引起的运费差异，农业土地利用的区位过程就必然要受距离这一因素的影响，屠能的农业区位理论也就还会具有一定的实际价值。

(二)地租理论

地租是土地所有权在经济上的实现形式，并且以土地的所有权与使用权相分离为条件。也就是说，地租是土地所有者出租他的土地每年获得的定额收入，表现为所有权收益。土地的有限性与土地所有权的垄断性，为地租的产生提供了条件。地租的实体是劳动者的剩余生产物。

任何社会，只要存在着土地所有权的垄断和土地所有权与使用权的分离，就有土地生产者剩余生产物被土地所有者占有的经济基础，就会有地租的形成。然而，在不同的社会形态下，由于土地所有权性质不同，地租体现的生产关系不同，地租的内容和形式也会有所不同。总体特征是，随着社会发展进程，地租内容从全部剩余生产物，甚至部分必要生产物向经济剩余(超额利润)转变，地租的形式也从实物地租向货币地租发展。

(三)土地肥力与土地报酬递减规律

1. 土地肥力　充分理解土地概念的内涵是把握土地肥力概念的关键。任何一个概念的内涵都会随着科学的进步而不断丰富与完善。本章第一节已阐述土地概念内涵的发展过程及广义与狭义土地概念的差异。经济学家给出了最为广义的土地概念,即土地是指自然资源整体的观点,是以不可移动的土壤为中心而形成的自然生态系统,是具有固定空间位置的有形与无形的自然资源的综合整体,同时土地还是受自然力与人类经济活动影响后而形成的自然历史综合体。在这个综合体中,人类投入劳动和资本,得到经济产出,获得生存与发展。人类对土地的最初认识是局限在地球表层具有肥力的部分,即现在人们所理解的土壤概念。从土地概念的内涵,笔者理解,土地肥力是指土地提供植物、动物、微生物生长发育所需的物质和能量的能力。土壤肥力通常是指土壤为植物生长提供物质和能量的能力。可见土壤肥力是土地肥力中最重要的内容。

土地肥力按它的形成和作用可分为自然肥力和人工肥力,有效肥力和潜在肥力。自然肥力指独立于人类生产活动之外,是在土地自然形成过程中形成的,由母质、空气、生物、地形等自然因素所形成的肥力。人工肥力是指通过人类活动作用于土地而形成的肥力,如耕作、施肥、修建农村土地排灌系统、土壤改良、营造防护林等。人工肥力是人类合理的劳动与资本投入的产物。但是,自然肥力是人工肥力形成的基础,人工肥力的发挥是建立在自然肥力的基础上,土地肥力表现为两者的结合。在自然肥力与人工肥力中,动植物能及时利用吸收的物质和能量是有效肥力,暂时不能利用,保存在土地生态系统中的动植物生长发育所需要的物质和能量是潜在的肥力。

动植物生长发育从某一土地生态系统中所带走肥力因素,可以通过自然和人工的方法得到补充,因此土地肥力是可更新的。如果人类土地利用行为方式的选择是遵循生态经济规律的,土地的肥力不仅能够得到保持,而且能够提高,从而满足经济社会可持续发展的需要。同理,不合理的土地利用行为会导致土地肥力的下降,甚至破坏。随着土地稀缺性的不断提高,通过保护土地自然肥力，增强人工肥力（土地利用集约度的提高），以提高土地产出率的趋势将会增强。

“土壤肥力是土壤为植物生长提供和协调营养条件和环境条件的能力。土壤肥力是土壤物理、化学、生物等性质的综合反映，土壤的各种性质都要通过直接或间接的途径影响植物生长，土壤中各种肥力因素不是孤立的，而是相互联系和相互制约的。从物质和能量转化的观点来认识，土壤肥力是土壤内在的、可被植物利用转化的物质和能量，凡是地表物质具有能被某种植物转化的物质和能量，就能生产植物，就具有肥力。土壤肥力的高低是由土壤内在物质和能量存在的状况，及其被植物利用转化的程度所决定的。土壤肥力具有生态相对性，土壤肥沃或不肥沃是相对植物而言的，由于植物都有自己的生物学特性，要求一定的生态环境条件，才能正常地生长和发育，生态上不同的植物，它们所要求的土壤生态条件也是不同的。因此，某种肥沃的土壤或某种不肥沃的土壤，只是针对某种植物而言的。植物在土壤生态要求上的差别愈大，土壤肥力的这种生态相对性也表现得愈明显。”

尽管土地肥力是相对于用途而言的，实践中具体研究某一地区、某一田块的土地肥力时，应和其有关用途结合起来分析，但在自然肥力基础上而形成的人工肥力可以扩大肥力对用途的适应性。人类能够在一定程度上通过人工肥力的形成，从物理上和化学上使土壤适合于下一次要种植的作物。人类能够通过培育等方式使作物适应土壤的性质。人类能够通过耕作制度的创新（如轮种、立体种植等方法），扩大植物与土壤之间的适应性。

相对于自然肥力形成的缓慢过程，土地肥力的变化主要是人工肥力的变化而引起的，人类土地利用行为方式对土地肥力状况有显著影响。一般来说，土地肥力会随着科技进步、社会生产力的发展而提高，由于更多的劳动和资本投入土地以提高人工肥力，同时人们更有能力提高土地的有效肥力，从而增加经济产出。正如马克思所指出:"肥力虽然是土地的客观属性,但从经济学方面说,总是同农业化学和机械的现有发展水平有关系,因而也随着这种发展水平的变化而变化。"

综上所述,不难理解,土地肥力实质是指土地生态系统提供植物、动物、微生物生长发育所必需的物质和能量的能力。然而,土地与植物、动物、微生物之间的物质与能量传递必须遵循着生态系统中的物质与能量传递规律,要受制于生态系统的生态生产力,所有提高土地产出量的科技进步,一般来说,最终都归结为提高系统的物质和能量的转化效率。因此,在一定的技术条件下,人工肥力不能随资本和劳动的投入而无限提高。经济学家对土地肥力这一特征与规律的发现和不断深入研究,产生了著名的"土地报酬递减律"理论。

2. 土地报酬递减规律 在技术不变的前提条件下,对某块土地,连续追加某一生产要素(如劳动、肥料等),固定其他生产要素,产出会随投入的增加经历从递增到递减的变化过程。在每一次新的技术水平条件下,投入的效果都会重新出现从递增到递减的变化,这一现象被经济学称为土地报酬递减规律。

土地报酬递减规律描述了对一定面积土地投入中某项变动要素的生产率变化规律。它以假定其他投入要素不变为前提条件,而实际中变动投入要素的产出变化是变动要素与其他不变要素共同作用的结果。土地投入报酬递减规律的实质是资源要素配置效率问题。

研究土地报酬变化规律,主要是研究边际投入与边际产出之间的关系。边际产出起主要作用,总产出、平均产出随边际产出的变化而变化。总产量、平均产量和边际产量的变化及相互间的关系如图 1 所示。

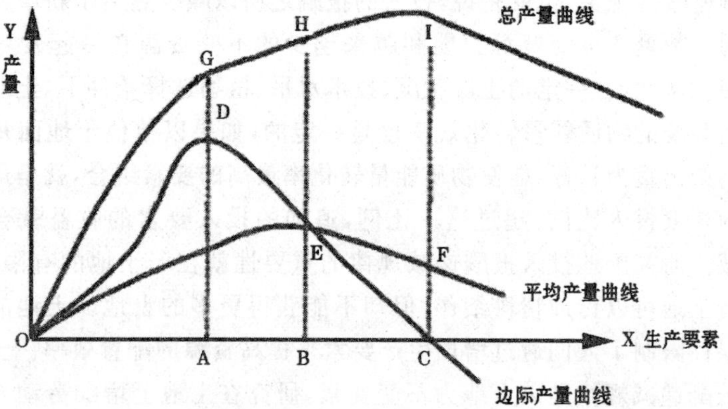

图 1　总产量、平均产量和边际产量的变化及相互关系

从图中可分析出以下结论：①当变动生产要素 X 在 O 点至 A 点的区域内递增时，边际产量递增，直至达到最高点 D；总产量也递增，直至达到该曲线拐点 G；平均产量平缓增加，但总产量和平均产量均没达到最高点，可继续增加投入。②当投入的生产要素从 A 点增加到 B 点时，边际产量递减，总产量以递减速度增加；平均产量递增（但其绝对值小于边际产量），在 B 点达到最大值，并与边际产量曲线相交于 E 点。③当投入生产要素从 B 点向 C 点增加时，边际产量与平均产量都递减，边际产量小于平均产量，在 C 点时边际产量等于零，总产量达到最大值。因此 C 点是使总产量最大的投入量。④超过 C 点以后再追加投入，边际产量可能为零，也可能为负数；总产量的绝对数可能不变，也可能减少；但二者都不可能再增加。因此，无论从实物量角度，还是从价值角度考虑，投入量都不应超过 C 点。

出现土地报酬递减现象的原因是多方面的，其中最重要的原因是：一定技术条件下，资源配置效率的要素组合是一定的，当追加某一要素超过最佳要素组合时，就会降低资源配置效率，出现报酬递减的现象，也就是说，投入的报酬之所以减少是由于新增加的同一数量的可变资源只能和越来越少的不变资源在一起发生作用。例如，在一定的土壤状况、技术水平、植物选择条件下，土地生态系统的物质能量转化效率也是一定的，如果以单位土地面积最高产出量为目标，能使物质能量转化率最高的要素组合，就是最佳的要素投入比例；超过这一比例，追加的投入要素的收益就会递减。研究土地投入报酬递减规律的重要性就在于土地的有限性。对土地可以更加精耕细作，但却不能获得更多的土地。土地的有限性限制了人们通过增加生产要素来提高资源的配置效率。土地报酬递减规律是以土地为不变要素，研究在土地上增加劳动与资本要素的投入与产出变化之间的关系。

掌握土地投资报酬变动规律，使我们能科学地对土地进行各生产要素的投入，确定土地集约利用的合理界限，提高土地投资的生态经济效益。

二、农村土地资源保护的理论

农村土地资源保护的主要目标是农村土地资源的可持续利用，其核心是在耕地保护的前提下，合理配置土地资源，解决人口增加、经济发展所带来的人地矛盾的激化问题。

农村土地资源保护需要生态学、资源经济学、地理学等多学科的理论和方法的支持。

（一）土地稀缺理论

土地资源的稀缺性是由其自然供给的绝对有限性、位置的固定性、质量的差异性及报酬的递减性等因素造成的。随着人口的增加、经济的发展，土地资源的需求越来越大，不仅需要更多的耕地，也需要更多的建设用地。当具有合适特性的土地供应少于需求时，土地就出现稀缺性。它不仅表现为土地供给总量与土地需求总量的矛盾，还表现在特定区域某种用途的土地特别稀缺。如果资源不存在经济性的稀缺,则没有保护的现实意义。正是由于土地资源的稀缺性,才需要对土地资源采取保护性措施,以减缓土地的稀缺进度与程度。

(二)可持续发展理论

土地资源的合理利用是社会经济发展的立足之本,土地资源的可持续利用是可持续发展的最基本内容。挪威前首相布伦特兰在世界环境与发展委员会的报告——《我们共同的未来》中提出了可持续发展的定义:"持续发展是既满足当代人的需要,又不对后代人满足其需要的能力构成危害的发展。"土地可持续利用则是实现土地生产力的持续增长和稳定性,保证土地利用潜力和防止土地退化,并具有良好的经济效益和社会效益,即达到经济合理性和社会可接受性。从生态方面看,土地可持续利用是无退化的开发,并在利用中促使土地向质量提高的方向演替;从社会经济观点来看,则意味着可开发利用土地为人类提供基本需求,遵循各代人之间的平等性,确保对后代人的足够供给。可持续发展理论为土地资源保护提供了理论的指导,要求在着眼长远与统揽全局的战略高度,合理利用土地,土地资源的保护正是为了保证土地资源的可持续利用。

(三)生态平衡理论

生态平衡是指在生态系统中不断进行着能量和物质的交换和转移,形成一种能量和物质的转化流动,在一个未受干扰的生态系统中,能量和物质的输入和输出趋于平衡,这种持续性的动态平衡叫做生态平衡。生态系统具有自我调节能力,以保持自然的稳定性。生态系统的自我调节能力决定于阈值,在一定限度内,生态系统可以忍受一定的外界压力,并通过自我调节机制而恢复相对平衡;超此限度,生态系统的自我调节机制降低或消失,于是在外界的压力下,生态平衡遭受破坏。土地生态系统的平衡是土地功能正常发挥的保证。在经济发展的过程中,许多地区由于没有生态观念,没有按照生态规律利用土地,导致了大面积的土地沙漠化、水土流失、土地污染等土地退化现象,严重地损害了经济社会的可持续发展能力。土地的生态平衡是土地资源可持续利用的基础,是达到生态的安全性和经济的有效性有机结合的前提。土地资源保护要以生态平衡的原理,改造和治理遭到破坏的土地环境,保护土地生态环境,合理利用土地资源,保持土地的生态平衡。

三、农村土地资源保护的内涵

农村土地资源保护的实质是要保持一个非减的土地资源存量(包括数量和质量),以不断满足经济发展,人口增加对土地资源不断增长的需求。笔者认为,现阶段土地资源保护内涵包括以下3个方面的内容。

(一)农村土地资源数量的保护

农村土地资源数量是指农村土地资源在水平面上的面积。对于一个特定的地区而言,农村土地资源数量特性的内容包括农村土地资源种类的数量和各类农村土地资源的面积。由于农村土地资源在社会经济发展中重要性的原因,随着社会经济的不断发展,一个国家或地区的土地资源种类及各类土地资源的数量,是影响该国或该地区农村社会经济发展的基础。

农村土地资源数量的保护指对土地资源的保存,主要是针对农业用地的保护,防止非农业用地的盲目扩张,主要通过基本农田保护实现。

(二)农村土地资源质量的保护

土地资源的质量是通过土地资源评价或土地评价确定的。土地资源评价是指土地资源作为某种用途时,对土地资源优劣的评定,土地资源的优劣可解释为土地资源对某种用途的适宜程度高低、生产潜力或生产力的大小以及价值的多少等。农村土地资源的质量的优劣包括:“适宜程度高低”、“生产潜力或生产力的大小"、"土地污染程度"、"土地价值的多少"4个内容。所谓土地资源质量的保护，通常是指土地资源的地力保护，指维护土地的生产潜力和提高土地资源生产力水平。

(三)农村土地资源生态环境的保护

土地资源生态环境是土地利用的基础，因此土地生态环境的平衡是土地资源保护的主要内容，也是衡量土地资源保护效益的主要标志。农村土地资源保护要以生态平衡为依据，维持和建立土地生态平衡，使土地生态环境保持一个良好的状态，保证土地的可持续利用。土地生态环境的保护包括防治土地污染，维护草原植被，防止土地沙漠化、土地盐碱化、土地次生潜育化及水土流失等土地退化现象，加强水资源的保护等。

第三节 农村土地资源利用与保护基本原则

一、农村土地资源利用的基本原则

农村土地利用原则，是指农村土地利用过程中必须遵循的准则。它是由农村土地利用中的自然规律和经济规律所决定的，是人们在总结长期利用和管理农村土地的经验的基础上提出来的。不同社会制度的国家，不同的资源条件，会有不同的农村土地利用原则。但农村土地利用的基本原则是人类在长期农业实践发展中经验的总结，有广泛的适应性。

(一)合理规划、统筹安排原则

由于土地的有限性，只有合理规划、统筹安排，才能兼顾局部利益与全局利益、眼前利益与长远利益、经济效益与生态效益，促使农村土地资源的配置达到社会最优。

合理规划、统筹安排，是指国家按照国民经济和社会发展的需要，根据一定时期内农村土地供给与需求状况，以政策引导，通过市场和行政的方法，协调各类用地的比例，形成合理的用地结构，以稳定社会，促进农村各业协调发展。

农村土地合理规划、统筹安排原则涉及面非常广，是一个宏观经济与微观经济相结合的问题。农村土地资源与农村土地资源利用的特点决定了农村土地合理规划、统筹安排必须借助政府的合理决策与有效管理。

农村土地是人类生存与发展的保证，尽管科技的进步与经济的发展为人类创造出了丰富多彩、日新月异的生活方式，但只有建立在农村土地合理利用基础上的农业，才能有效地提供人类生存与发展所需要的食物。而且，农村土地资源与农村土地资源利用的特点决定了农村土地利用与生态环境密切相关，在农村土地利用中只有保护好生态环境，才能够实现农村土地利用的经济目标。农村土地资源的稀缺性与国土面积的有限性，使农村土地资源的合理配置成为其他资源合理配置的基础；同时，随着经济发展进程中人口的增长与城市的扩张，有计划地占用部分农村土地将难以避免，这就使得在不断提高农村土地资源利用效率的同时，借助政府的作用，加强农村土地利用规划，进行统筹安排是十分重要的。因此，农村土地利用合理规划、统筹安排的具体目标是：保证农业生产用地，确保粮食安全，满足人们对农产品日益增长的需求；保护生态环境，实现可持续发展；根据经济发展进程，有计划地调整出部分农村土地，满足国家经济建设与发展的需要，使农村土地资源的配置实现社会福利最大化。

（二）综合利用、集约经营原则

综合利用与集约经营都是提高农村土地资源配置效率的有效途径。两者的目标都是提高单位面积的产出率，通过提高农村土地资源利用的密度与强度。但综合利用更侧重于利用生态学原理，以立体配置的方式来提高土地的利用效率，因此适应性较广，尤其适合于资金缺乏的欠发达山区。集约经营侧重于对一定面积的土地，通过增加资金或劳动的投入，提高单位面积产出。集约经营是农业经济发展进程的产物，通常与较高的发展水平相联系，是农业现代化的一项重要内容。

农村土地综合利用原则通常是与农村土地利用因地制宜原则密切结合在一起，遵循生态学原理充分利用不同的生态位，使农村土地生态系统中的资源得到最充分的利用，从而提高单位面积农村土地的产出率。与此同时，又能保持与提高土壤肥力、保护和改善农村土地生态系统。我国农业经济发展实践中较普遍的例子有：桑基鱼塘、庭院经济、稻田养鱼、林地立体种植、水体立体养殖、耕地间作、农林牧渔综合发展等。

集约经营是相对于粗放经营而言的，粗放经营的特征是广种薄收，单产低。然而，随着人口与经济的发展，地球土地数量的固定性，使土地资源的稀缺性不断提高。为了满足人类对土地产出日益增长的需求，农村土地集约经营成为必然趋势。简言之，农村土地集约经营就是在农村土地上增加资本和劳动的投入，以获得农村土地利用的最大收益。农村土地集约经营可以分为劳动集约和资金集约 2 种类型。随着社会生产力的发展，劳动集约型为主的农村土地利用方式正逐步转变为以资金集约型为主的利用方式。农村土地集约经营，能缓解农村土地数量有限性与社会对农产品需求不断增长之间的矛盾，同时科技的不断发展也为农村土地集约经营水平的提高创造了条件。

（三）因地制宜原则

因地制宜就是根据不同区域农村土地生态系统特点、社会经济条件、满足市场需求的潜力，以能够发挥区域资源与经济优势，又能促进区域土地生态系统保护与改善的方式来使用农村土地资源的农村土地利用原则。它的核心是遵循生态经济规律，利用生态优势创造经济优势。具体地说，要提高土地的利用效率，就要使农业生物与特定区域土壤肥力特点相适应，利用生态生产力来提高经济生产力,达到事半功倍的效果。因此,因地制宜原则可通俗地表达为:宜农则农,宜林则林,宜牧则牧,宜渔则渔。在一般情况下,因地制宜地利用农村土地,往往能够取得最佳效益。要做到因地制宜,就要对农村土地资源的利用状况与利用潜力进行深入的调查与评价,明确利用目标,形成利用规划。

(四)农村土地利用与保护相结合原则

实行农村土地利用与保护相结合原则是由农业生产特点所决定的。农村土地生产的实质是通过人类劳动、资本和技术的投入,将农村土地生态系统中的物质和能量转化为能满足人类需要的农产品。当这些物质与能量以产品的形式一次又一次地离开农村土地生态系统后,如果没有采取农村土地利用的保护措施,农村土地生态系统中原有的物质与能量传递的稳定状态就可能由于过多的物质和能量被输出系统外而遭受破坏。因此,在利用中保护好农村土地首先就是要保护好农村土地生态系统的生态平衡。农村土地利用与保护相结合,首先,就是在农村土地利用过程中,重视对农村土地生态系统物质与能量的消耗以合理的方式补充,保持与提高土地的肥力,实现可持续利用。其次,由于土地生态系统的肥力状况是由土地生态系统的组成成分、结构与功能状况决定的,土地的肥力可以由于土地生态系统组成成分、结构与功能状况的改变而不断提高,土地生产力是一种可再生资源,因此在土地的利用中不仅要通过物质和能量的投入保持土地生态系统的生态平衡,而且还应通过主动地保护——调整土地生态系统的组成成分、结构,即通过积极的土地生态系统的建设,不断提高土地生态系统的生产力。再次,农村土地利用与保护相结合还意味着要对以往不合理的农村土地利用方式造成的农村土地破坏进行改造与修复。例如,通过植草植树,防风固土、保水、调节温湿度,改善农村土地生态环境;通过农村土地整理与复垦提高农村土地利用率;通过合理的耕作制度与施肥方式改善土壤肥力状况;通过改良盐碱地、修建梯田，通过灌溉与道路等基础设施的建设提高农村土地生产力。

二、农村土地资源保护的基本原则

我国现行农村土地保护政策主要由 3 大部分组成：耕地总量动态平衡、土地用途管制、农村土地征用管制。

第一，减少土地利用总体规划修改的频度，增强规划执行的严肃性，切实落实土地用途管制制度。编制土地利用总体规划时，一是充分衔接相关规划；二是采取自上而下、自下而上相结合，并以自下而上为主的程序和方法进行编制。在土地利用总体规划执行过程中，一是增强土地利用总体规划的法律地位；二是在规划期内最大限度地减少或杜绝规划的修改，切实加强土地规划执行的严肃性，使土地用途管制制度落到实处。

第二，硬化基本农田保护区界线和城镇扩展控制底线，确保“两线”在规划期内不被突破。在编制土地利用总体规划时，科学预测人口发展趋势，准确预测城镇发展规模和确保粮食安全必需的基本农田，在规划期内科学合理地划定基本农田保护区界线和城镇扩展控制底线，并以法律的形式规定“两线”在规划期内不被突破。

第三，合理划分城市功能分区，城市商住用地以城区存量土地为主供地，工业用地以城边集中统一的开发区形式供地。事实证明，城市功能分区混乱，各类用地杂乱无序，造成城市土地利用效率低下。城区存量土地改造利用的成本和难度均高于城边新征用地，致使部分土地用户在城区周边无序圈地，一方面因低廉的土地价格造成用地的浪费，另一方面势必产生聚集效应。

第四，国家垄断和经营土地市场，建立土地收购储备机构和土地交易场所，规范土地价格管理，基本实现“招拍挂”供地。土地价格是土地市场的“晴雨表”，只有充分运用经济杠杆原理，切实开拓公正、公开、公平、客观、规范、高效的土地大市场，才能有效遏制土地供给上的浪费和无序。土地是稀缺和不可再生的资源,必须实行土地市场的垄断。为此,国家应当进一步充实和扶持县以上土地收购储备机构,向社会提供客观、公正的土地交易场所,实行土地的“统购统销”。只有这样才能逐步实现土地的合理、规范、有序、节约供地。

第五,适度推进土地开发整理工作,合理利用耕地开发整理资金,避免“劣质耕地”开发,扶持“集效农业”和“生态农业”开发。我国全面系统地开展土地开发整理工作已有6年的时间,在这6年的时间内,土地开发整理工作为维护耕地总量动态平衡作出了较大贡献。但也应该看到,随着土地开发整理工作的不断深入,可开发整理,特别是值得开发整理的土地和耕地已经十分有限,一些地方出现了不同程度的“滥竽充数”现象,有的开发整理项目甚至带来较为严重的环境影响和生态破坏。有鉴于此,土地开发整理工作应该重视耕地质量和投入产出效益。因此,可以尝试剥离部分土地开发整理专项资金,用于集约、高效、生态农业的开发和扶持,特别是快速城市化地区,更有必要。

第六,切实减轻农民负担,合理利用征地补偿金,充分调动农民保护耕地和科学种田的积极性。随着农村税费改革的不断深入和主要农产品价格的逐步提高,农民爱地惜地的意识不断增强,农民种田的积极性不断高涨。近八成的失地农民仍然希望“耕者有其田”,一是一次性征地补偿极易在短期内花费殆尽;二是自身基本素质较低,很难在激烈的市场竞争中谋得长久的城区就业机会;三是农业赋税大幅度减免和粮棉油价格大幅上升;四是农民仍然固守“离家不离土”的传统观念。快速城市化地区失地农民较多,一方面征地补偿资金要切实到位、进行严格管理、开展合理利用,充分发挥基层组织的战斗堡垒作用,建立农村产供销、科工贸一条龙的新型农村自愿互助合作经济实体,以信息为主导,以市场促生产,以科技赢效益,带动区域内农民走共同富裕的道路;另一方面可以尝试以征地补偿资金为基础，凭借城乡结合部和快速城市化地区的独特区位优势，系统建设适合市场运作方式、农民自主经营的专业市场。

第七，国家制定政策，分阶段、有步骤地让绝大多数农民从土地中解放出来。提高农产品收购价格，减轻农民负担只能让农民的生活水平略有提高，治标而不能治本，单靠此举真正让8亿农民致富奔小康十分困难，因为毕竟人均耕地只有0.093公顷左右。8亿农民囊中羞涩，不能成为主要消费群体，市场势必疲软，农民更加贫穷，全面建设小康社会就会落入纸上谈兵的境地。国家对农业采取的一系列扶持政策，应当通过切实可行的措施，保证农业、农村、农民真正受益。让一小部分既懂科学种植，又善于经营农业的农民从事农业生产，走农业集约化经营道路；解放出来的农民，国家应当正确引导他们向第二、第三产业转化。

第八，设立土地发展权，通过土地发展权流转调控发展和保护之间的利益平衡关系，达到既服务于经济建设，又确保粮食安全的目的。土地发展权，即在界定土地的初始利用类型和利用方式的基础上，对再度开发时改变土地利用类型和土地利用方式的相关方赋予的权益和其应承担的义务。由于我国没有对土地赋予土地发展权，在经济发达地区，由于土地利用类型和土地利用方式的无序流转，一是虽然区域地方经济得到了长足发展，但全国范围内经济发展越来越不平衡；二是超负荷的工业布局于一隅，造成严重的环境污染，极大地破坏了区域生态环境；三是经济发育地区没有承担起必需的粮食安全责任和义务。与此相反，经济欠发达地区，一方面很难得到充分有效和公正公平的发展机会；另一方面，这些地区承担了更多更重的粮食安全责任和义务，却没有得到应该得到的回报和收益。因此，必须设立土地发展权，通过合理管理土地发展权流转，调控全国范围内的经济发展和耕地保护之间的利益平衡关系，从而达到既服务于经济建设，又确保粮食安全的目的。

设立土地发展权,第一通过修改《土地管理法》,在土地他项权利中设置土地发展权;第二,通过土地调查评价和土地利用规划,在充分考虑全国范围内土地利用综合平衡的基础上,确立最佳土地利用方式和最佳土地利用类型,设立每一宗地的初始土地发展权;第三,通过修改《土地管理法》,赋予土地发展权可以出让、转让等流转方式和流转职能;第四,合理确定土地发展权出让、转让价格;第五,建立完善的土地发展权流转管制制度。只有这样,经济发达地区多占耕地,就必须缴纳土地发展权变更的相关税费;而经济欠发达地区保护耕地,就会因其承担了全国粮食安全义务而得到相应的补偿和回报。

【案　例】

美国农村土地保护的主要措施

由于美国土地私有制发达,人民具有强烈的私有财产意识。经济手段是美国农村土地保护的主要措施。政府为了保护农村土地设计了大量的方法。在州一级的层次上,实施的项目包括农业区域法、保护地役权、分期分区发展、划定城市增长线、农业保护地役权购买、耕作权利法、以倾向性估价的形式实施的税收减免。在地方层次上,实施的项目包括制定农业区划、规模分区、综合规划、玉米适宜性等级开发限制、缓解条令、转移/购买发展权和耕作权条令。

一、制定农业区域或农业区 每一农业区内农用地的方式都有一定的指标。

二、分期分区发展比例、住宅所占比 州政府通过规划要求地方政府为未来的土地开发行为规定时序与区位,以适当而有效率地提供公共设施,避免不成熟的土地开发行为。这种办法在美国被普遍采用,并且取得了很好的效果。在马里兰州的乔治王子郡,就将全郡划分为优先发展区、经济发展潜力区、限制发展区、延续发展区等，从而为土地开发确定不同的发展时序，引导都市发展的区位与时机。

三、划定城市增长线　州政府通过法律要求地方政府在规划中根据本地区的经济发展状况和土地利用现状，划定城市增长线。增长线内的土地包括已有建筑物的土地和尚未被开发的空地，空地面积足够20年规划期内的城市发展用地。在增长边界线以内，允许土地开发，并提供适当充足的公共设施；边界线以外则限制开发。美国的俄勒冈州就要求每一个县和每一个城市的地方政府都要划定城市增长边界。波特兰市是该州最大的都市地区，自从划定城市增长线以后，有效地控制了低密度的住宅与商业开发项目向周围农业区的扩展。波特兰市可以算是美国有效控制城市规模的最成功的典型。

四、倾向性估价　主要是指将农村土地价格定义为农业利用价值，而不是市场价格，农业利用价值远低于土地市场价格，使保留农用的土地处在有利的税收条件之下。

五、制定农业区划　农业区划就是把农业用地同工业用地一样严格划片，在该区域内，只准进行农业生产或者与农业生产有关的活动，严禁修建住宅和发展其他城市基础设施。农业区划还在最好的农田周围划定了缓冲区，缓冲区包括湿地、排水区、溪岸和森林等。

六、购买或者转让土地开发权　购买开发权指的是州政府或者地方政府的某个部门或某个私人组织购买优质农田的开发权。按照这一办法，政府要获得农田的开发权，就必须向农民支付一笔现金以作补偿。补偿数额通常相当于土地市场价格的1/2或2/3。农民还可继续耕种其土地或在其土地上居住并用出卖土地开发权得到的钱来改良土壤，使其产量更高。政府购买开发权的资金主要来源于公债以及联邦与州的联合拨款。转让开发权指的是农民出售其开发权以便其开发权可以在邻近的另一块土地上得到利用，通过这一方式，可以把农业用地的开发权转移到离城市较近、适于建设的土地上。这一方法有利于平衡财产的价值，同时又可将土地用于其最适宜的用途。

【案 例】

日本农村土地保护的主要措施

一、详细的规划以及相应的法律法规 日本的土地规划体系由国土综合开发规划、国土利用规划、土地利用基本计划等构成。国土综合开发规划是在国家经济计划、公共投资计划等计划的指导下，综合开发、利用、保护国土资源，合理调整产业布局，提高社会福利的综合性规划。国土利用规划是从土地资源开发、利用、保护的角度，确定国土利用的基本方针、用地数量、布局方向和实施措施的纲要性规划。土地利用基本规划是以国土利用规划为依据，进一步划分城市、农业、森林、自然公园、自然保护等地域，并规定各地域土地利用调整事项等具体的土地利用规划。国土利用规划是日本最根本的规划，直接制约全国经济发展规划和地区开发规划。

土地规划是日本农村土地政策中的一项基本政策内容，它对土地利用起到了最基础的约束作用，在涉及国土利用的其他任何计划都要服从土地利用规划。

日本政府在制定、实施土地利用规划时，还十分重视以法律手段保障规划工作的顺利开展和规划内容的具体实施。如分别制定《国土综合开发法》、《国土利用计划法》、《都市计划法》、《农业振兴地域整备法》、《森林法》、《自然公园法》、《自然环境保护法》等，以确保国土综合开发规划、国土利用规划、土地利用基本规划，以及城市地区、农业地区、森林地区、自然公园地区和自然保护地区等地区规划的实施。

二、形式多样的农业补贴 据世界贸易组织公布的调查报告，日本对农业的补贴已经超过了农业的收入。2000年对农业的补贴达到了国内生产总值的1.4%，而同期的农业收入仅占1.1%。日本农业生产者收入总额中有60%来自政府补贴。

日本的农业补贴主要有直接收入支付补贴安定经营对策、灾害补贴、生产资料购置补贴贷款、农业保险等多种形式的补贴。其中，直接收入支付补贴是日本政府为了振兴山区、半山区，补贴山区和平原地区生产成本之间的差异对该地区的农户进行的补贴。日本山区耕地面积占全国耕地面积的40%，农业发展相对落后于平原地区，撂荒现象严重。该项补贴为农户补贴生产成本差异的80%，每个农户的补贴上限为100万日元。全国补贴规模为每年700亿日元，补贴对象的面积大约为90万公顷，相当于平均每公顷补贴7.8万日元左右。该制度的最终目标是将实施区域的生产力水平提高到邻近的非对象地区的水平，因而没有最终期限，第一期暂定为5年。从支付的对象看，要求至少有1公顷以上毗邻的农田，且满足下列5个条件之一才可接受直接支付：坡度大的农田；因自然条件制约，农田地块小且形状不规整；草地比例在70%以上区域的草地；有坡度的人工草地；其他坡度小，但人口老龄化比例和撂荒比例高的农田，由基层政府长官指定。

日本政府对农业基础设施建设非常重视，设立了各种资助和补贴项目。对于农田水利建设补贴，20%用于大型公共水利设施建设，80%直接投入农田基本改造。对于一般的农田改造项目，只要通过一定的审批程序并达到一定的标准，费用的50%由中央财政从农业预算中补贴，都道府县和市町村财政分别补贴25%和15%，剩余部分由农户自身负担，而这一部分资金往往也能得到有关金融机构的优惠贷款。1990～1995年，国家农业财政预算支出增加了37%，其中强化农业基础设施建设的支出增加了175%。

农业农村基本建设预算占农业预算的比重由1980年的29.5%提高至1995年的49.1%。1993～2002年实施的“第四个土地改良长期计划”的总投资规模为41万亿日元，主要包括农田水利、道路建设、国土保护、防灾、开垦和农村土地开发等事业。

三、完善的法律体系 日本是一个法治国家。在由日本国土厅主编、新日本法规出版株式会社1998年出版的日本《国土六法》中，与国土有关的法律法规达132部。其中，《农村土地法》、《都市计划法》、《农业振兴地域整备法》、《农业经营基础强化促进法》和《土地改良法》是日本农村土地方面的重要法律，从不同的角度出发，分担着各自的职能并构成一个完整的体系。

《农村土地法》的主要内容是对农村土地的管制，从农村土地所有、利用、交易、转用等方面进行规定。《农业振兴地域整备法》和《农业经营基础强化促进法》是由市町村制订计划，并通过这些地域计划来规制或引导农村土地的利用。《农业振兴地域整备法》是以农业地域的建设为目的，而《农业经营基础强化促进法》是以农村土地流转、农村土地的有效利用为目的。《土地改良法》是对土地质量改进的规定。《都市计划法》和《农业振兴地域整备法》相对应，是从城市土地利用出发的规定。

（资料来源：张迪等．发达国家农村土地保护政策演变及借鉴．中国大地出版社，2007）

第二章　农村土地利用规划与管理

第一节　农村土地利用现状分析

土地利用计划是国民经济和社会发展计划的重要组成部分，农村土地利用作为土地利用系统中极其重要组成部分，是土地管理工作中的重要一环。我国作为一个农业国，又是一个发展中的大国，农村土地利用面临着巨大的日益严重的挑战，同时也是整个土地持续利用的挑战。

一、我国土地利用计划管理现状

我国的土地利用计划管理工作从 1987 年开始，至今已有 30 多年。30 多年来，党中央、国务院对土地管理工作非常重视，每年做编制地计划，取得了较好的成绩，根据我国土地资源的特点，不断完善、提高土地利用计划管理水平，主要取得以下 4 个方面的成效。

(一)认识了保护土地的重要性、紧迫性

党中央、国务院乃至全国人民对土地利用工作很重视，大家逐步有了忧患意识，认识到我国人多地少，土地稀缺，要实施科学发展观，粮食安全，经济安全，国家安全必须保护土地，特别是耕地。自 2003 年实施土地市场秩序治理整顿后，从 2004 年始，全国建设用地年度计划指标由中央政治局研究决定，全国人大批准通过，由国务院颁布土地利用计划。全国各省、自治区、直辖市，以及各市、县、乡的各级党委、政府及各部门领导对科学用地、保护耕地、节约用地比以前重视多了。种粮的农民对耕地特别是基本农田保护力度加大了，更加爱惜土地了。“一定要守住全国耕地不少于1.2亿公顷这条红线”已家喻户晓。

(二)提高了编制土地利用计划的科学性和合理性

这不仅引起了领导对土地利用计划编制工作的重视和支持，也提高了用地计划利用的严肃性和权威性。

(三)强化了土地利用计划调查研究，理清了计划管理思路

一是组织各地调查了解土地利用计划管理的经验和存在的问题，以此改进管理工作，提高土地利用计划管理水平。二是请省及相关部门对土地计划执行情况到各地进行调查，切身感受和深入了解土地利用计划管理工作中存在的不容忽视的问题，提高对加强土地利用计划工作的认识、重视和支持。三是积极参与各种用地调查及清查活动，全面了解土地利用管理的工作状况，从而进一步理清了土地利用管理的思路。

通过上述各方面工作，进一步认识到土地利用(年度)计划在土地管理工作中的重要性，增强了责任感。

(四)控制了建设用地的总量

实施建设项目有保有压，保障发展控制用地总量是土地计划利用的一个主要目标。首先是将各省、自治区、直辖市一般的限额控制管理改为实行宏观的总量管理，使得全国用地总量能够实现。例如，在鼓励土地有偿使用的同时，严格控制土地出让规模，制定土地出让计划，同时也针对经济和社会发展的需要，制定开发区用地计划和房地产用地计划等。

二、农村土地利用中亟待解决的问题

虽然我国土地利用计划管理取得了一定成效，但是在农村土地利用与保护方面还存在许多亟待解决的问题。2001年，我国耕地面积为1.28亿公顷，2008年，我国耕地面积减至1.22亿公顷，7年间，全国耕地减少600万公顷。

（一）农村居民点建设用地严重超标与“空心村”现象并存

中国农村人口占总人口的75%左右，而农村居民点用地一度占全国城乡居民点用地总面积的87%。近年来，随着农民收入水平的提高，广大农村出现了一股“建房热”，村庄建设面积迅速增加，超过了国家规划用地的控制目标。与此同时，农村还出现了大量的“空心村”。随着农民生活水平的提高，对比较拥挤的住房条件不够满意等原因，许多农户选择新的宅基地建房，同时又占据着原来的老宅基地，导致村内少人或无人居住。“空心村”现象在我国广大农村普遍存在，使耕地占用浪费严重。

（二）土地闲置和撂荒现象严重

沿海地区、大中城市郊区、国内经济发达地区，随着乡镇企业和农村第二、第三产业的迅速发展，加之工农业利润差居高不下，逐步拉大了农业与其他行业之间的收入差距。在农业内部，农业生产资料价格攀升，与粮食等主要农产品价格下降形成强烈反差，而且农产品销售不畅、卖粮难，导致农业效益比较低，挫伤农民种田积极性，以上是农民弃耕撂荒的主要原因。与此同时，非农建设用地征而不用，导致土地闲置，以及人为开采矿产资源、烧制砖瓦；建筑取土等生产和建设活动导致土地废弃，也是土地大量闲置撂荒的原因之一。

（三）农业结构调整不当导致耕地浪费

农业结构调整的目的是优化农业资源配置。在市场经济条件下，发展“三高”农业，种菜、栽果树、养鱼和种植其他经济作物的效益高于种植粮食作物，同时有利于丰富城乡居民生活，提高农民收入，所以适当占用部分耕地是正常的。但是，调整不当或盲目调整也会使土地使用丧失其合理性。陡坡耕地、严重水土流失和沙化耕地退耕还林还牧是合理的，影响防洪和有碍湿地生态环境的耕地退耕也是必要的，但无节制地将耕地变成果园或鱼塘势必直接影响我国的粮棉生产。据国家有关部门统计，农业结构调整占用耕地构成中，耕地改成果园面积和改鱼塘面积所占比重逐年增加，最高达到75%左右，影响了耕地的总体平衡。

（四）城镇建设和基础设施建设侵占大量耕地

一是城镇建设规模超前，挤占了很多耕地。近年来，随着地改市、县改市、乡改镇和城市升级，城镇用地规模扩大，大多数城市超标占地，超标占地面积达到现有城市建设区面积的1/3以上。同时，小城镇建设用地与城市相比有过之而无不及，在这些小城镇新区中，有60%以上的面积是征用周围优质耕地而建成的。二是公路等基础设施建设抢占耕地。有些公路建设只片面强调其特殊性，而不依法履行用地手续，在选线、设计和施工中，为降低造价，选择地势平坦的土地，而不考虑耕地保护，出现占用浪费耕地多、未批先用和违法用地多的现象。

第二节　农村土地利用利用规划与设计

一、农村土地利用规划的概念及类型

农村土地利用规划，是指在一定规划区域内，根据国家社会经济可持续发展的要求和当地自然、经济、社会条件，对土地的开发、利用、治理、保护，在空间上、时间上所做的全面安排和布局。

农村土地利用规划是一种微观的土地利用规划，应属于土地利用内部规划中的主要内容，是对土地利用系统进行具体的设计，有时直接称为土地利用内部设计或土地景观生态设计。按其使用用途来分，主要包括以下类型。

（一）耕地规划

耕地的主要利用方式是进行农作物生产。耕地规划的主要任务是为适应农业生产力的发展，为采取一系列综合性的农业技术措施，合理地组织劳动力和改善劳动条件，提高耕地的利用效率。

主要包括确定种植制度和轮作方式、地块设计、田间工程(如田间道路、灌溉工程、防护林工程等)设计等。

(二)果园规划

其任务是为果树生长及生产管理创造良好的条件。主要包括:果园用地和树种的选择、果园小区设计(主要包括果园内道路、林带分割的耕作地块设计)、田间工程(如田间道路、灌溉工程、防护林工程等)设计、确定果树的种植方式等内容。

(三)林地规划

其任务是为林木生长及生产运输创造良好的条件。主要包括:林业用地和树种的选择、林地小区设计(主要包括林地内道路、林带分割的地块设计)、林地工程(如道路、灌溉工程、树林防护工程等)设计等内容。

(四)牧草地规划

牧草地规划的基本任务是为牧草的生长及牲畜的繁育和生产管理创造良好的条件。主要包括:确定各种畜牧群放牧地段的布局、确定牧草的种植制度、轮牧小区设计天然割草地规划、放牧地畜圈、畜道和水源的配置等。

(五)渔业生产用地规划

其基本任务是充分利用水源,提高水资源利用率,为水产养殖创造良好条件。主要包括:水产种类的选择与布局、天然水面改良规划(如池塘的改良,湖泊、河道和水库的利用改造)、人工鱼池的规划(如场地的选择、鱼池的布局、鱼池规格设计)。

(六)居民点规划

主要指农村集镇和村庄的内部规划,其基本任务是为人们的生产和生活创造良好的条件。主要包括:居民点规模的确定和用地选择、功能分区设计、生活区用地(如街道网、公共建筑区、住宅区)布局等。

二、农村土地利用规划的主要内容

(一)农业生产的土地规划

农业生产用地的规划一般把农业生产用地(主要包括耕地、菜地、果园、水产及其他农业用地)和生态保护用地(包括林地、天然水域等)划为不准建设控制区,特别划归为基本农田保护区的应以硬性指标固定下来,明确其范围、界线,控制区内土地只许用作农业用途,不得进行其他非农建设。不在基本农田保护区范围内的土地尽量要用于农业,同时结合村庄弹性发展规划的需要,可以安排第二、第三产业及村民宅基地预留。耕地规划应做到经济、协调、科学,其规划内容主要包括耕地规模、长度、宽度、外形等。

(二)道路、渠系、林网设计规划

1. 农村道路 分农村对内、对外交通。对外交通,主要是连接本地与外界,完成由外界运进生活资料和生产资料,内部运出农产品及其他产品任务。设计时应充分预测规划期限内的交通运输量(包括货运量和客运量),依此确定道路等级,无论是哪一级公路,都要严格按照各级公路的主要技术指标的要求来设计,规范公路建设。内部交通主要满足人、畜力运行的要求,还要便利农机具的田间作业和运转。

2. 渠道 农田水利工程在农村最常见的是渠系的设计与布置。渠系分主干渠道和田间灌排渠道。整个主干渠道的设计,要满足以下原则:①在水源和容泄区水位既定的条件下,要使干渠尽可能获得最大的自流灌溉和排水面积;②渠道布置应保证工程费用少,渠道输水损失小;③渠道选线应尽量少占或不占地,把开挖沟渠与农田整治结合起来,扩大农田面积,保证较高的土地利用率;④上级渠道的布置应为下级渠道的合理规划和土地规划中其他项目的合理规划创造良好的条件。田间灌排渠道设计时,灌溉渠道一般沿长边配置,排水沟间距与深度应在满足机耕要求的前提下相互调整，若田块宽度大于排水间距，可增加排水沟深度，反之则减少其深度。

3. 林网设计　林网应同田块、灌溉渠道、道路、居民点等规划同时进行，植树与兴修农田水利、平整土地、修筑田间道路和居民点的兴建与改造相结合，做到沟成、渠成、路成、村成，树就成。营造护田林、护村林、护路林，能够降低风速，减少水分蒸发，抵挡风沙，涵养水源，减少水土流失，改善农田小气候，为农作物的生长发育创造有利的条件，为人们提供优雅舒适的环境，还农村一个碧绿的空间。设计时，在有风害的地方，护田林带的主林带方向应与主要风害方向垂直，副林带垂直于主林带布置，这样防风效果最好；林带间距要适中，过大，带间农田不能受到全面保护；过小，占地多。因而林间带宽，有不同防护效果，要宽度适宜，保证综合防风效能值高。

（三）农村居民点的规划

居民点是人们聚居场所的总称，是配置各类建筑物、道路、绿化系统、交通设施及其公共工程设施的地方。农村居民点主要指农村中的中心与基层村。长期以来我国农村居民点一直处于住房分散，整体建设落后的状态，往往是几户农民就形成一个小村落，整体布局上呈现满天星状况，内部是脏乱差，进村到处是路、树木不成林、错综参差、电线屋顶过、下雨满地泥，到处是一片零乱。这些为人们的生产和生活带来极其不便，也与飞速发展的城市形成鲜明的反差，不利于城市工业向农村的辐射，更谈不上城乡一体化，因此农村居民点规划已迫在眉睫。

村庄的规划一般以居住为主，基础设施配套，兼顾旅游、仓储、运输服务业，农产品加工业，发展观光农业、特色农业等基础产业。村庄非农建设用地主要是村民宅基地，宅基地安排过程中，强调节约用地，集中建设，合理布局，提高土地利用率。通过对村庄现状土地情况和人口状况的调查分析，确定规划期内村庄的人口规划和人均建设用地指标，使非农建设用地总体规模控制在合理的范围之内。根据村庄经济发展水平并结合村庄建设特点，规划上明确以旧村庄就地改造为主，适当控制新区发展的原则，以期高效利用土地，节约土地资源。

村庄内各种建筑物要精心设计、精心施工，设计上要符合现代条件下人们的生活居住习惯，讲究新颖、美观、实用、有现代化气息，并要把地方特色与城市格调协调起来。居民点内要有公共中心区，以供人们集会、娱乐、休闲，还要把各种绿化用地，交通道路、水、电、通讯基础设施逐步配备齐全。

三、农村土地利用规划的编制程序

农村土地利用规划的编制，实际上是在土地利用系统分析的基础上，对农村土地利用的生态布局和相关指标进行安排和决策的过程。因此，其步骤与土地利用系统分析的步骤基本相同；同时，也具有自身的特殊性。

(一)准备阶段

主要工作内容有：组织领导小组和规划工作班子，开展业务培训，落实经费；制订工作计划，包括预期完成时间、人员、制度的统一安排等；拟订工作方案，即明确规划的目的、内容、选择重点研究的专题、技术路线、成果要求等。

(二)调查研究分析阶段

主要内容有：①收集、整理、分析有关的资料、土地利用和社会经济等方面的数字、图件和文字资料。②土地利用现状调查与分析。③土地评价。如土地适宜性评价、土地生产潜力评价、土地经济评价。④人口承载力分析和土地需求量预测。主要包括人口增长与消费水平提高对农产品产量的需求预测、各部门用地需求量预测、土地利用总需求的预测等。

（三）编制规划方案阶段

这个阶段主要是在资料分析和专题研究的基础上，搞好用地分区，调整用地指标，把各项规划内容综合称为规划（初稿）、规划说明和总体规划图。有几个供选方案的，要筛选其中之一为正式方案。规划（初稿）要在产业主管部门之间、省市（地）县乡之间进行协调，还要邀请有关部门领导、专家以及有关人员进行论证，把好方针、政策和技术关。论证之后，规划（初稿）要送交同级政府审议，根据审议结果修改成规划（送审稿），依法报上级政府审批。规划必须符合原国家土地管理局发布的《土地利用总体规划编制审批规定》（《国家土地管理局令》第七号）的要求。规划经批准后，要予以公布并组织实施。

村庄土地规划和村庄整治是农村土地利用规划及新农村建设的切入点和突破口。进一步明确村庄土地规划的编制原则、技术指标、成果要求和审批程序，着力解决村庄土地规划编制过程中的技术问题，是提高规划编制质量的核心。首先要强化市、县两级规划建设主管部门在村庄规划编制质量方面把关的责任主体地位，充分发挥市、县两级规划建设主管部门在村庄土地规划编制中的组织指导作用、技术把关作用和督促检查职能。确保试点示范优先纳入村庄土地规划和村庄整治范围。

村庄土地规划要与乡镇总体规划季土地利用、基本农田保护、交通、水利、生态环境保护等专业规划相衔接，要充分体现“五性”。

①前瞻性。充分考虑到工业化、城镇化的长远趋势和村镇布局的长远变化、突出重点镇和中心村的建设。

②和谐性。从村镇的山形地势出发，依山顺水，不推山、不填塘、不砍树、不占田，注重防止山洪、泥石流、山体滑坡等灾害对村庄的危害，追求人与自然和谐，形成各具特色的自然村落、田园农庄、社区农村，防止千村一面。

③包容性。着力保护好有历史文化价值的古村落和古民宅等

文化遗产，注意涵盖经济建设、村庄安全、文化保护、节约耕地、自然生态环境等内容。

④群众性。充分尊重农民群众的意愿。编制前要征求群众意见，编制中要有群众代表参与，完成后要先请农民代表审查。要以农民群众满意为第一标准。

⑤特色个性。要突出乡村特色、地方特色和民族特色，因地制宜，因村制宜，张扬个性，着力打造一批生态文明村、民族文化村。

四、可持续土地利用模式设计

土地利用模式设计，就是根据区域的自然、社会、经济条件，在分析其土地利用的特点和问题的基础上，提出一整套适合该区域的土地生态改良措施与土地利用优化方案。实际上，它相当于区域的土地利用规划。根据区域的范围大小和设计的内容，可以是专项土地利用规划，也可以是土地利用内部规划。

进行任何一项的规划，都应该贯彻可持续发展的思想，而可持续土地利用模式设计则应该坚持可持续土地利用的 5 大基本原则，在可持续土地利用评价的基础上，通过土地利用系统分析，提出可持续发展的土地利用优化方案。由于土地利用复杂多变，可持续土地利用也不可能有一个统一的模式。目前的可持续土地利用模式研究，多为区域性的可持续土地利用模式设计。下面，以一个黄土高原小流域的可持续土地利用模式设计为例，说明可持续土地利用模式设计的步骤和方法。

首先，根据现实的自然与社会经济条件及发展趋势预测（如人口增长等）确定社会需求和经济目标，合理配置农、林、牧业生产，建立土地利用结构优化模式，使之具有社会可承受性和经济可行性。

其次，将优化结构中的各种土地利用类型与相适宜的土地类型单元相匹配，进行土地生态经济系统的空间生态设计，使土地利用系统与土地系统的结构耦合协同，互利共生，体现可持续土地利用的生产性和保护性。

再次，预测整个土地利用系统的负输出即每个土地利用单元的土壤侵蚀量，进行水土保持决策，实施水土保持技术方案（包括新作技术措施和工程措施），减少土地利用的侵蚀风险性，使新的土地利用系统具有稳定性和保护性。

最后，在土地利用中要求改良和建设土地生态系统，一方面，应适宜规模地建设基本农田，实行集约化经营，力争高产稳产；另一方面，在治坡的同时逐步地治理沟壑，改善生产条件和美化生态环境，进一步加强土地利用的生产和服务性，提高整个土地利用系统的稳定性，实现良性循环。

第三节　农村土地利用动态监测与管理

通过土地利用系统分析、可持续土地利用评价和模式设计、土地利用规划等步骤，可以实现土地资源的合理利用和综合效益最优的目标，但应该注意到土地资源的数量、质量、生产力、空间布局以及利用方式都处于不停的变化之中。特别是，土地资源的利用是一个非常复杂的系统工程，人们的设计和考虑再周全也难免挂一漏万；同时，由于管理上的漏洞和疏忽，或者由于非法的个人行为等原因，实践中常常造成土地利用的合理决策和规划没有得到贯彻和施行，致使土地利用朝人们所不希望的方向发展。

因此，需要进行土地资源动态监测的研究及其动态监测系统的建立和建设，以便能够及时掌握土地资源与土地利用的动态信息，揭示它们的变化规律，为土地资源的规划、管理、保护和利用提供可靠的数据，为国家制定经济建设的重大决策提供土地资源的信息依据。

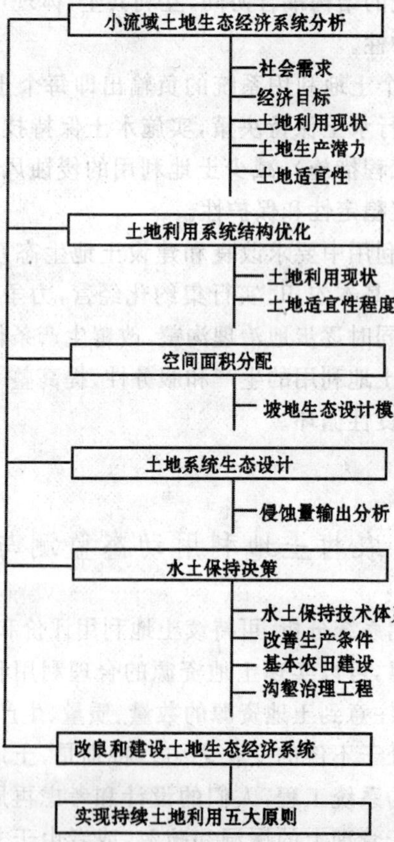

图 2　黄土高原可持续土地利用设计模式

引自《黄土高原持续土地利用研究》

现在,土地利用动态监测不仅是土地利用管理的一种不可或缺的手段,而且已经成为土地利用管理的一个重要内容。常见的土地利用动态监测可分为,土地利用空间动态监测和土地资源质量动态监测。

一、土地利用空间动态监测

土地利用空间动态监测，它是在已经进行的土地利用现状调查的基础上，对一定时期以来的土地类型的变化情况以及与之相关的权属、行政界线等变化情况进行调查(称为变更调查)，并对调查结果进行分析的行为。有的动态监测是定期进行的，有的是不定期地根据实际需要而选择适当的时机进行。

土地利用空间动态监测，包括监测内容、监测手段和技术程序以及监测分析。其中，监测手段和技术程序，与土地资源调查的手段和技术程序相似，这里不再介绍，下面主要介绍监测内容、监测分析 2 个方面的内容。

(一)监测内容

不同的监测项目，监测的内容会有所不同。根据我国土地利用与管理的特点，目前，我国的土地利用空间动态监测的内容主要有以下几个方面。

一是土地利用变化的动态信息。包括区域土地利用变化的类型、位置和数量等信息，特别是耕地、居民点及工矿用地的变化以及闲置土地等。我国已经建立对全国重点城市建设用地规模扩展和耕地变化情况的监测体系，分析全国土地利用的变化趋势和全国年度土地利用平衡面积估计，有重点地核查地方上报的土地变更调查数据的真实程度。

二是耕地总量的动态平衡情况。为实现耕地总量动态平衡的宏伟目标，必须有计划地进行土地整理、土地开发和土地复垦。为保证这些土地管理措施的正确实施及经费的合理利用，须准确地掌握区域以及全国耕地变化的情况。

三是农业用地内部结构调整情况。农业内部结构调整反映土地利用用途的变化，及时掌握这些信息可为土地利用用途管制及农用地的管理服务。

四是基本农田保护区状况。基本农田保护区是国家为保证粮食安全而划定的一定数量的优质耕地，规定长期不得占用，基本农田保护区管理包括征地占用管理、地力补偿、占一补一等。

五是后备土地资源的开发利用监测。

(二)监测分析

在监测报告中，一般要对监测内容进行分析。分析的内容主要有以下几项。

1. 地类变更分析　主要是对土地总面积变化的分析，耕地、园地等各类土地面积变动的分析。具体的指标为，各地类在变更中，变更涉及的增减面积，实际增减面积(即减去同地类之间变化的面积)，净增减面积，变化量占同地类总面积的比重等。

2. 权属变更分析　该分析也具体落实到地类的变化，但其前提是权属性质的变化。包括国有土地、集体土地的所有权、使用权的变化，土地纠纷的调解情况。

3. 耕地变化动态分析　耕地变化动态分析不仅要较详细地反映耕地减少的原因和耕地增加的来源，而且要分析减少原因的合理性和增加耕地的力度。这些分析不能单纯从数量上做比较分析，应根据地区特点做出分析，为以后的土地管理提供有价值的意见。

4. 土地利用结构变化分析　土地利用结构变化是反映土地资源在人类利用行为干预下，土地利用发展趋势。依据地域差异规律，选择好当地土地资源利用方向是社会经济发展中研究的重要问题。结构变化分析的重要指标是各类用地在整个用地结构中所占的比重。

(三)土地动态监测分析的新发展——土地利用/覆盖变化研究

随着20世纪70年代以气候动态研究为开端，大批的地学、生物学、经济学等诸多领域的学者投入到对全球变化及其影响的研究工作中。随着研究的进展，作为引起全球变化的两大基本人类因素之一的土地利用与土地覆盖变化在全球变化中所发挥的作用，引起了人们极大的关注，对其研究也进入到了一个新的阶段。国际地圈—生物圈计划(IGBP)和全球环境变化中的人文领域计划(HDP)于1995年联合提出“土地利用和土地覆盖变化”(LUCC)研究计划，使土地利用变化研究成为目前全球变化研究的前沿和热点课题。

通过研究发现，地表覆盖以及发生于其中的生物多样性、实际与潜在初级生产量、土壤质量以及径流量和沉积率等多方面的变化，是引起大量全球变化中的生物地理过程的核心所在，而土地利用是全球变化的最主要和最直接的作用因素。一方面，大多数的土地覆盖变化是为人类的土地利用所驱动，土地覆盖的变化是土地利用变化的直接响应；另一方面，土地利用对全球变化的产生也存在着直接的影响，土地利用实践的差异会对全球变化的后果产生不同的影响，同时其所造成的影响将超出其所在的空间范围。

除了LUCC计划以外，一些国际组织与国家也进行了大量的土地利用与土地覆盖变化研究项目，其中包括联合国环境署(UNEP)的土地覆盖评价与模拟、联合国粮农组织(UN/FAO)土地利用的分类、国际应用系统分析研究所(NASA)的LUCC项目以及国际地理联合会(IGU)的土地利用与土地覆盖变化研究项目。在这些国际性项目之外，许多国家也各自开展了多项土地利用与土地覆盖研究项目。美国的相关研究是由NASA牵头，主要工作集中于全球与区域性的土地覆盖变化监测调查、土地覆盖变化与温室气体释放的研究，并与欧洲空间署合作开展了利用高分辨率雷达监测土地覆盖变化和季节性植被变化状况。日本则在日本环境署支持下开展了为全球环境保护的土地利用研究项目，主要着眼于亚太地区可持续的土地利用。我国相继在天津、北京、广州、上海、太原、沈阳、大连等城市开展了土地利用及其变化的遥感研究，“八五”期间，中国科学院进行了“国家资源环境遥感宏观调查与动态分析”研究，国家自然科学基金委员会也开展了“我国东部城市密集地区人口、经济集聚与扩散机制与调控”研究。

LUCC研究的基本目标是提高对全球土地利用和土地覆盖变化动态过程的认识，并提高预测土地利用和土地覆盖变化的能力。其研究方法是，在分析土地利用/覆盖变化与社会和自然驱动力的相互作用机制的基础上，建立适合一定区域的LUCC模型。然后，利用该模型，对区域的土地利用/覆盖变化情况进行历史及现状的描述，对社会和自然驱动力及其与土地利用/覆盖变化相互作用的结果进行解释，进而对未来的状况和变化趋势进行预测，并提出土地利用和环境保护的规划辅助决策。

二、土地资源质量动态监测

土地资源质量动态监测，是指用一定的标准方法，以一定的时间间隔，测量土地的微观特性（主要是土壤、气候和环境特性），以观测和分析在不同土地利用情况下土壤和环境特性变化趋势的行为。

（一）监测内容

一般包括以下内容：①土壤特性的变化情况，主要包括土壤pH值、土地养分含量、土壤结构、土壤污染等。②气候特性的变化情况，主要包括光照、气温、降水等。③环境及环境污染的变化情况，如大气组成、大气污染、水体污染等。

（二）监测的方法

一般需要通过建立基准点来进行监测，有以下几个主要步骤。

第一，选择基准点。选择农用地基准点时，要考虑6个因素：①主要土壤带或农业区或两者兼顾，②典型的地貌类型或广泛的土壤质地组合或两者兼顾，③该区内最主要的农业生产系统，④政府和农民关心的农业焦点问题，⑤已经出现土壤退化或潜伏着土壤退化，⑥面积为5～15公顷（某些情况下正好是一个小流域)。上述 6 个因素中优先考虑前 4 个,另外,基准点要选在远离公路、铁路和厂矿城镇的地方,以避免受到外源污染。

第二,建立本底或参照数据库。为了观测随时间而变化的土壤性质,最重要的是建立本底或参照数据库。这些数据在监测开始就要收集测量,以作为将来观测结果的参照。一般来说,本底或参照数据库的数据项应尽量全面,需要监测的指标应包含在本底或参照数据库的数据项中;同时,还要收集相关的历史材料和背景材料,如土地利用状况、土地权属等。

第三,定期在基准点进行观测,或采样分析。

(三)监测结果在持续土地利用评价中的应用

建立监测基准点及对土地质量进行监测的目的是对土地管理实践进行评价,评价当前的土地利用方式和管理措施是否是持续的。持续性评价的内容应主要集中在土地的生产力和生产稳定性方面,包括:土壤综合肥力水平的变化,土壤有无污染及其污染程度的变化,可用于灌溉的淡水资源量的变化等。如果这些方面的回答是正面的,那么这种土地利用方式和管理措施就是持续性的,否则就是非持续性的。

【案 例】

北京市土地利用总体规划(1997~2010 年)

以《1997~2010 年全国土地利用总体规划纲要》为指导,依据《北京市国民经济和社会发展"九五"计划和 2010 年远景目标纲要》、《北京城市总体规划》(1991~2010 年)、《北京市生态建设规划》及有关国土整治和资源环境保护的要求、土地供给能力和各项建设对土地的需求,科学地编制《北京市土地利用总体规划1997~2010 年》(本案例简称《规划》)。指导全市各项土地利用活动。

《规划》编制的基本原则是:坚持从我国基本国情和我市的实

际出发，进一步贯彻落实十分珍惜、合理利用土地和切实保护耕地的基本国策；严格保护基本农田，控制非农业建设占用农用地；走节约用地和内涵挖潜的路子，统筹安排各类、各区域用地；保护和改善生态环境，保障土地的可持续利用；坚持占用耕地和开发整理复垦耕地相平衡。

《规划》以1996年为基期，2010年为规划期，并展望2030年的土地利用。

一、土地资源利用状况和面临的形势

(一)土地资源利用状况 根据土地利用现状调查，1996年全市农用地面积为1 137 727公顷(1 706.58万亩)，占土地总面积的69.30%；建设用地面积为270 867公顷(406.3万亩)，占土地总面积的16.51%；未利用地面积为232 460公顷(348.69万亩)，占土地总面积的14.19%。农用地中，耕地面积为343 867公顷(515.8万亩)，园地面积为99 320公顷(148.98万亩)，林地面积为630 800公顷(946.2万亩)，牧草地面积为4 207公顷(6.31万亩)，水面面积为59 473公顷(89.21万亩)。

北京的土地资源在区域自然环境的影响下，在长期的社会经济发展过程中，经过自然与人文因素的综合作用，形成了较为独特的土地利用现状特征：①具有典型的大城市及其郊区用地的特点；②从地域上看，由城区向近郊区、远郊区呈现这样一种圈层结构：城区城市建设用地—近郊区城乡混合用地—远郊平原区商品粮、副食品生产基地(城郊农业用地)—远郊半山区、山区林果生产基地(城郊生态农业用地)。这种圈层结构主要是由城市的辐射作用造成的；③土地利用的程度和效益较高，已利用土地面积占土地总面积的85.81%。其中近郊区和平原区土地利用率达95%以上。

但是，日益突出的人地矛盾，已成为制约我市经济和社会可持续发展的主要因素之一。主要表现在以下几个方面。

1. 土地资源人均占有量少 总体占有量不高。按全市常住户籍人口计算，人均土地面积仅 0.152 公顷（2.28 亩），不及全国平均数的 1/5。人均耕地 0.032 公顷（0.48 亩）、人均林地 0.058 公顷（0.87 亩），分别为全国平均数的 30%和 31%。

2. 耕地面积减少过多 据统计。1949～1995 年全市耕地净减少 131 627 公顷（197.44 万亩）。年平均减少 3 760 公顷（5.64 万亩）。耕地减少主要是农业内部结构调整占用（占 53.85%）和各项建设占用（占 36.99%）。

3. 可开发利用的土地资源不足 目前，全市未利用地中宜农地仅 15 600 公顷（23.40 万亩）左右，主要分布在延庆盆地、山前洪积扇、浅山缓坡及永定河沿岸；宜林、宜牧地主要分布在山区和半山区，开发利用有一定难度。

4. 土地利用仍存在一定程度粗放利用现象 人均用地达 237 米^2，超出国家标准高限 87 米^2；城镇存量土地也还有相当潜力。其次农用地的实际利用水平和产出率偏低，耕地的有效利用面积和单产水平都不高，果园单产及林地的单位生产量等都低于先进水平。

5. 土地生态环境有待进一步改善 目前，我市受污染的耕地达 84 000 多公顷，50%以上的河段受到不同程度的污染，水土流失面积达 304 000 公顷，风沙化土地达 88 700 公顷，尚有 260 000 公顷荒山荒地需要绿化。

（二）土地利用与管理面临的形势 有利条件：党中央、国务院对土地管理特别是耕地保护问题高度重视，并修订了《中华人民共和国土地管理法》。不利因素：人口持续增加，农用地和建设用地的矛盾进一步加剧，长期以来粗放型、外延性的土地利用方式，农用地总体产出率低。保护耕地缺乏内在经济动力。

二、《规划》的目标和方针

（一）土地利用规划的目标 《规划》的总目标是：统筹安排各

类用地。在保护生态环境的前提下，保持耕地总量动态平衡，土地利用方式逐步向集约化转变，土地利用结构和布局进一步改善，土地利用的经济效益、社会效益、生态效益都有比较明显提高，为保障首都的发展建设和各项职能的充分发挥，以及实现我市跨世纪经济和社会发展目标提供土地保障。具体目标是以下几个方面。

第一，用地特别是耕地得到有效保护和综合整治。耕地面积保持平衡，到2010年，耕地面积保持在34 000公顷(516万亩)以上，其中基本农田保持在299 400公顷(449万亩)以上，占现有耕地面积的87%以上。同时，通过加强中、低产田和其他农用地改造，耕地及其他农用地质量得以进一步提高。

第二，合理安排各项建设用地，规划期内，全市新增建设用地控制在36 000公顷(54万亩)以内，其中占用耕地不超过22 000公顷(33万亩)。

第三，土地整理由点到面全面开展，未利用地得以适度开发。到2010年全市通过土地整理和土地开发复垦增加耕地24 290公顷(36万亩)以上，增加其他农用地157 000公顷(235万亩)以上。

第四，土地生态环境有进一步改善。

(二)土地利用远景展望　建设用地利用效率将进一步提高，土地生态环境将进一步改善，建立起基本适应可持续发展的良性生态系统。

(三)土地利用的基本方针　为实现上述目标，必须始终坚持十分珍惜、合理利用土地和切实保护耕地的基本国策，坚定不移地遵循以下基本方针。一是，把保护耕地放在土地利用与管理的重要位置；二是，坚持供给制约和引导需求，统筹安排各业用地；三是，开发与节约并举，以节约挖潜为主，努力提高土地利用效率；四是，坚持“一要吃饭，二要建设”的方针。

(四)区域土地利用发展方向和管理措施　为了因地制宜指导不同区域土地利用结构、布局调整和土地利用管理。根据土地利用的自然和社会经济条件及经济布局，将全市划分为3个区域，并根据各区域的实际情况和要求，确定各区域的土地利用发展方向和管理措施。

三、土地利用结构和布局调整

（一）切实保护农用地　规划期内，进一步加强农用地保护、整治和开发，保证农用地面积有所增加，同时合理调整农用地结构和布局，因地制宜发展农、林、牧、副、渔各业，到2010年农用地总面积增加156 160公顷（234.2万亩）。

第一，保持耕地总量动态平衡。规划期内。全市耕地减少面积控制在24 000公顷（36万亩）以内。

第二，按照首都生态环境建设的要求。进一步加大造林绿化的力度，大幅度增加林地面积，适当增加牧草地面积，到2010年林地面积发展到785 800公顷。

第三，稳定水面面积。到2010年水面面积保持在59 800公顷。

（二）合理安排建设用地　尽可能利用非耕地。严格控制非农业建设用地规模。同时，根据耕地占补平衡原则。切实落实建设项目占用耕地与开发、复垦耕地相挂钩的政策。到2010年各类建设新增用地规模控制在36 000公顷以内。其中占用耕地控制在22 000公顷以内。年均建设占用耕地控制在1 570公顷（2.36万亩）以内。主要做好以下两项工作：合理控制城乡居民点用地；统筹安排交通、水利等建设用地。

（三）积极开展土地整理、开发和复垦　为缓解土地供需矛盾，应积极推进土地整理，适度开发宜农后备土地资源，加强土地复垦。

1．土地整理　到2010年全市通过土地整理增加农用地24 000公顷（36万亩）。要把土地整理作为补充耕地的主要途径，采取积极措施鼓励因地制宜开展田、水、路、林、村综合整治及不同形式、不同规模的土地整理。

2. 土地开发　到2010年开发利用各类适宜开发的荒地近182 000公顷(273万亩),其中增加耕地12 000公顷(18万亩)。土地开发应以保护和改善生态环境、防止水土流失和土地荒漠化为前提,因地制宜,适度开发。土地开发的重点区域是:延庆盆地、永定河沿岸、远郊山区的山前洪积扇和浅山缓坡。

3. 土地复垦到2010年通过土地复垦增加农用地面积1 000公顷,其中增加耕地300公顷(4 500亩)。

我市工矿废弃地较少,只有少量建设取土场、废砖窑等,不足1 400公顷。要按照"谁破坏、谁复垦"的原则,进行复垦。新增废弃地要及时得到复垦。复垦土地优先作为耕地;同时,遵循适宜性和经济合理性原则,宜林则林、宜渔则渔、宜牧则牧。

(四)加强土地生态环境保护与整治　进一步加强市区和卫星城生态环境的治理和保护,加强平原区生态环境的保护,加快山区生态系统建设。

四、实施《规划》的主要措施　建立和完善土地利用规划管理体系;加强土地利用规划实施管理;强化政府土地管理职能;贯彻群众路线,加强法制建设;充分利用地理信息系统(GIS)、遥感系统(RS)、全球定位系统(GPS)等现代科技手段,加强土地动态监测和科学管理。

[资料来源:北京市土地利用总体规划(1997～2010年)]

第三章　农村耕作用地管理

第一节　农村耕作用地管理现状

一、农村耕地资源的现状

(一)耕地面积绝对量小、人均耕地占有量少

目前,我国耕地只有12 180万公顷,耕地面积为世界第四位,仅次于美国、俄罗斯和印度。但是因为我国人口多,平均到每个人拥有耕地才只有0.093公顷,还不到世界人均水平的40%,人均耕地面积在世界排第126位。

(二)耕地质量差、生产力水平低

我国山地、丘陵、高原地区的耕地占耕地总面积的66%,而平原、盆地和其他地区的耕地仅占34%。由于位于山地、丘陵、高原地区的耕地质量差、面积大、产量低,大大影响了我国耕地的总体生产力,造成我国单位面积耕地的生产水平较低。如在内蒙古自治区耕地总面积中质量低下的耕地占23%。

(三)耕地后备资源不足,开发潜力小

国土部门组织的调查表明,当前我国耕地后备资源总量为753.33万公顷,我国耕地后备资源在31个省、自治区、直辖市都有分布,但大部分位于北方和西部干旱地区。其中,新疆的耕地后备资源最为丰富,面积为331.91万公顷;其次为甘肃,面积为75.08万公顷。两者合计约占全国耕地后备资源总数的54.03%。南方和东部的耕地后备资源较少,拥有滩涂较多的山东省,耕地后备资源占到全国耕地后备资源的5%。中国土地勘测规划设计院调查结果显示，耕地后备资源丰富的西北干旱、半干旱地区，土地质量较差。内蒙古、新疆、宁夏的耕地后备资源占全国的52.25%，山西、陕西、甘肃占全国的12.03%，其共同特点是存在干旱缺水、盐碱、风沙、低温严寒等一种或多种限制因素，且限制强度较大，生态环境脆弱。各主要耕地后备区域的开发均面临保护和改善生态环境的重压。能否妥善解决生态环境问题，已成为土地开发整理工程成败的关键。

二、耕地资源利用中存在的问题和原因

(一)耕地面积不断减少

根据国家统计局的统计，我国的耕地面积仅在1949～1957年8年间为持续增加状态，全国耕地面积净增1 405万公顷，主要是几大垦区开荒的结果。从1958年之后除个别年份略有增长外，耕地面积总体呈下降趋势，全国耕地面积逐年减少，尤其以近十几年情况更为严重。一方面各项建设和事业发展导致耕地净减少问题十分突出；另一方面，因人口大量增加造成人均耕地明显减少。1958～1995年的38年间耕地增减相抵，全国共减少耕地1 685.9万公顷，平均每年减少44.37万公顷，相当于每年减少近7个中等县的耕地面积。其间经历了1958～1961年、1965～1977年、1980～1988年、1992～1994年4次耕地面积大滑坡。相伴随着耕地锐减的是人口的急剧增加和人均耕地面积的不断下降，从1952年开始，我国人均耕地面积一直呈下降趋势，从1952年的人均0.188公顷，减少到2001年的0.1公顷。据2006年全国土地利用变更调查结果报告显示，截至2006年10月31日，我国耕地面积为12 180万公顷，比上年度末12 207万公顷净减少30.68万公顷。

(二)耕地质量不断下降

1. 耕地土壤中有机质和养分的含量下降　据《2000年中国环境状况公报》报道，中国约有1/3的耕地受到水土流失的危害，每年流失的土壤总量达50多亿吨，相当于在全国的耕地上刮去1厘米厚的地表土(50年来，水土流失毁掉的耕地达266.67万公顷)，所流失的土壤养分相当于4 000万吨标准化肥，即全国1年生产的化肥中氮、磷、钾的含量。造成水土流失的主要原因是不合理的耕作方式和植被破坏；另外，由于农民对耕地长期的粗放经营，有机肥投入少，而且用肥结构不合理，氮、磷、钾元素比例失调，导致耕地肥力不断下降，到2000年，全国耕地有机质含量平均已降到1%，明显低于欧美国家2.5%～4%的水平。东北黑土地带土壤有机质含量由刚开垦时的8%～10%已降为目前的1%～5%；缺钾耕地面积已占耕地总面积的56%，约50%以上的耕地微量元素缺乏，70%～80%的耕地养分不足，20%～30%的耕地氮养分过量。由于有机肥投入不足，化肥使用不平衡，造成耕地退化，保水保肥的能力下降。

加上长期以来，我国耕地占用和补充呈东南部经济发达、耕地质量好的地区占用多、补充少，中、西、北部经济相对落后、耕地质量差的地区占用少、补充多；占用城镇周围和交通沿线高质良田多，占用边远地区低质耕地相对较少，且开发复垦新增耕地质量低的局面。因此，也加剧了耕地质量的整体下降。

2. 耕地污染问题日益严重　近30年来，随着我国工、农业的快速发展，有毒、有害的“三废”污染物进入土壤的数量逐年增加，受污染的耕地越来越多。据《1993年中国环境统计公报》报道，全国遭受不同程度污染的耕地面积已达1 000万公顷，其中污水灌溉污染的耕地面积330万公顷，大气污染(以酸雨和氟污染为主)的耕地面积约530万公顷，固体废物堆存侵占耕地和垃圾、污泥不当污染的耕地面积约90万公顷；而《2000年中国环境状况公报》

通过对30万公顷基本农田保护区土壤有害重金属抽样监测显示，其中有3.6万公顷土壤重金属超标，超标率达12.1%；环境污染事故对我国耕地资源的破坏仍时有发生，2000年发生的891起污染事件共污染农田4万公顷；目前我国每年农药的使用量约23万吨，耕地污染面积仍在不断加大、污染程度不断加深。

3. 沙漠化、沙化面积不断扩大 2005年全国水土流失面积达35 600万公顷，退化、沙化、碱化草地面积达13 500万公顷。一些地区产业用地布局混乱，土地污染严重，城市周边和部分交通主干道以及江河沿岸耕地的重金属与有机污染物严重超标。

三、我国现行耕地保护措施中存在的问题

人多地少的基本国情，决定了我国必须采取世界上最严格的土地管理措施管理土地。1998年新修订的《土地管理法》提出了在全国实现耕地总量动态平衡的目标，并通过制定土地用途管制制度、基本农田保护制度、占用耕地补偿制度、耕地总量动态平衡制度、耕地保护动态监测与执法监督等一系列制度措施来保护耕地、控制农用地特别是耕地转为建设用地。这些措施施行4年多来，取得了很好的效果，但也存在一些问题。

(一)基本农田保护区比例过高

基本农田是指按照一定时期人口和社会经济发展对农产品的需求，依据土地利用总体规划确定的不得占用的耕地。基本农田保护区是指为对基本农田实行特殊保护而依据土地利用总体规划和依照法定程序确定的特定保护区域。

新《土地管理法》规定，各省、自治区、直辖市划定的基本农田应当占本行政区域内耕地的80%以上。这个比例本身就已很高，而在实际上，经省一级逐级下达的基本农田保护率还要高于80%，有的县、乡划定基本农田的比例高达该区耕地总面积的95%以上，这反而造成全是重点、又无重点的状态，从另一方面来

看也是违法用地的一个必然因素。

另外，各地在划定基本农田保护区中，普遍存在“划远不划近、划劣不划优”的问题，把城镇近郊和交通沿线两侧的优质高产稳产粮田划作城镇建设预留地，而将边远地区的耕地作为基本农田保护，没有起到基本农田保护应起的保护优质农田的作用。例如，江西省南昌市新建县是省会南昌市的近郊县，其县城与南昌市城区只一江之隔、大部分属南昌市城市规划圈范围，1997 年土地利用总体规划中划定的基本农田保护率占全县耕地总面积的 93.87%（全市平均为 87.66%），为保证南昌市和本县经济发展用地的同时保护比例如此之高的基本农田，该县不得不将县城周围条件好的耕地留作建设用地而将一部分条件较差的丘陵区旱地划为基本农田；尽管如此，仍不能保证城市和本县经济发展的要求，只好通过原规划的审批程序逐级报省政府调整基本农田保护区的范围，但由于总的保护面积不能变，因此也就只能把更次的耕地也划入保护区，同时造成地方政府对土地管理部门的诸多怨言。

（二）耕地总体动态平衡片面强调数量的平衡

确保耕地总量动态平衡是新《土地管理法》赋予省级政府的职能，并通过 1996 年开始的土地利用总体规划的修编将之落实到各省的规划中。然而在实际操作中，经济发达、耕地后备资源少的地区难以实现平衡，经济相对落后而耕地后备资源丰富的地区又不愿增加耕地保有量。因此，省级政府基本上要求各地、市保持平衡，而同样的各地、市又要求各县、乡都要保持平衡，导致经济发达、耕地后备资源不足的地区难以实现耕地总量动态平衡进而威胁到整个地区乃至全省、全国耕地总量动态平衡目标的实现。以广东省佛山市顺德区为例，根据省厅下达的规划指标，顺德在 1997 年制定的土地利用总体规划中，规划到 2000～2010 年的耕地保有量为 1996 年的土地利用变更调查数 17 742 公顷，而实际上到 2000 年底，顺德耕地面积就仅有 13 956.1 公顷，以顺德的土地条件(建设用地的扩张以农用地为主、土地后备资源极度缺乏),2010 年要在该区区域范围内达到 17 742 公顷,耕地的动态平衡是不可能的,如此刚性的规划必然导致规划的失败,并对全省耕地总量动态平衡目标的实现带来负面影响。另一方面,一些地方为了实现耕地总量动态平衡,不顾实际情况,盲目围垦滩涂和毁林开发,造成了一系列新的生态问题将严重影响本地的可持续发展。

另外,我国现行的耕地占补平衡制度,在各地的实践中基本上强调的是数量上的平衡,而忽视了质量上的平衡,占用的耕地都是经过几百上千年的开垦、耕耘而形成的熟地,产量较高,而新开垦的耕地以旱地为主,产量只及原占用耕地的 1/3 至 1/2 或更低一些,因此一些地区即使在数量上平衡了,但对于耕地总量动态平衡的实质——保持耕地总的生产量上讲,却远未达到。如此下去,必将造成我国耕地总体质量、产量的下降,进而威胁到国家粮食安全。

(三)土地用途管制制度不全面,权威性未充分体现

土地用途管制制度是指国家为保证土地资源的合理利用和经济、社会及环境的协调发展,通过编制土地利用总体规划划定土地利用区,确定土地使用条件,并要求土地所有者和使用者严格按照国家确定的用途利用土地的制度。是依法对土地利用和土地用途变更的管理和限制,带有一定的强制性。其重点是严格限制农用地尤其是耕地转为建设用地,控制建设用地总量,对耕地实行特殊保护,同时还有对属于农业用地区的非农业建设用地,限制其改、扩建,使其逐步调整为农业用地的作用。

土地用途管制制度是新《土地管理法》制定的取代旧法土地分级限额审批制度的一项新的土地利用审批制度,自 1999 年 1 月 1 日起实施已 4 年多了,在控制规划为建设用地范围内的现有农用地尤其是耕地转为建设用地上起到了较好的作用,但仍存在一些不足:其一,由于土地用途管制是以土地利用总体规划为依据、通过年度土地利用计划来具体实施的，因此如果土地利用总体规划对建设用地范围的规划不适宜，则基于此规划的农用地用途管制将失去意义、削弱了其保护农用地、耕地的作用，这在许多地方的实践中多多少少存在；其二，现在实施的土地用途管制制度对规划中确定为农业用地区内的建设用地转为农用地基本上不起作用或收效甚微，一定程度上影响了土地的优化配置及规划的实施；其三是土地用途管制制度内容的缺陷，缺乏对农用地内部进行管制的内容，对如何合理配置各种农用土地资源、进行合理的结构调整、提高农用地的利用率和利用效益缺乏相关管制内容和措施。

另外，一些地区采取补办用地的形式绕过土地用途管制而将农用地转为非农用地，这在经济发达的地区还比较普遍；而目前的法律、法规对违反土地用途管制、非法占用农用地改作他用的行为应负的法律责任比较含糊，都不同程度上削弱了土地用途管制制度对农用地和耕地的保护力度。

（四）耕地保护动态监测不及时与执法监管工作不力

鉴于经济、技术和人力的原因，我国目前绝大多数地区还未建立耕地保护动态监测系统，从而影响了对耕地执法监督的及时性，往往是在违法用地已经既成事实后我们的监察员才发现，增加了土地执法的难度，以我国目前的国情，对这些违法用地，很难做到全部拆除建筑物退耕，因此造成部分农用地、耕地的永久流失。另外，由于当前土地违法行为的主体多数是地方政府，涉及的面积大，危害严重。而地方土地管理部门由于隶属于同级政府，对政府的违法行为难以查处，甚至迫于政府的压力为违法用地办手续，向上级土地管理部门隐瞒实情，致使一些重大土地违法行为得不到处理。据国土资源部统计，2006 年全国共发现土地违法行为 131 077 件，涉及土地面积近 10 万公顷，其中耕地 4.3 万公顷，分别比上年上升了 17.3%、76.7%和 67.6%。其中，属于 2006 年当年发生的违法行为近 96 000 件，涉及土地面积 6.1 万公顷，其中耕地 2.5 万公顷。2007 年 1 至 5 月份全国共立案查处的土地违法案件 24 245 件,涉及土地面积 1.47 万公顷。总的来说,当前全国总体形势是土地违法案件有所下降,而土地违法尚未得到有效遏制,形势依然严峻。

第二节 农村耕作用地田块管理

耕作田块是进行灌排、耕作、管理的基本单元。耕作田块管理的合理与否将直接影响到合理组织灌排、有效地使用农机具、科学地安排生产经营管理等方面的效果。因此,耕作田块管理是耕地利用管理中的一项重要内容。管理时一定要使耕作田块具有规整的外形和合理的配置,以保证田间各项机械作业和灌排组织的顺利完成。为了满足上述要求,必须做好以下各项因素的规划:耕作田块方向,耕作田块的边长和形状,耕作田块规划与地下水、小气候的关系,耕作田块规划与土壤的关系,耕作田块规划与居民点、沟渠道路和林带的关系。

一、耕作田块的方向

耕作田块的方向是指田块长边方向和田块的方位。耕作田块长边方向往往是播种与耕作管理的方向,也是末级固定渠道、田间道路和农田防护主林带的方向。因此,田块方向选择的正确与否将长期影响田块的日照、灌排条件、机耕作业和防风的效果,以及通往农田距离的远近等。在丘陵山区,合理设计耕作田块的方向,对保持水土也有十分重要的意义。在选定耕作田块的方向时,应考虑以下几方面的要求。

(一)有利于作物对光能的充分利用

光能是作物生产干物质的能源,几乎所有的农作物只有在强光下才能正常生长,越到生长旺盛期需光越多。因此,充分保证光照条件是促进农作物增产的关键措施之一。耕作田块的方向应保证作物在一天当中能吸收尽可能多的光能。据黑龙江省的调查，南北向配置的田块，一般能增产5%左右，其地温比东西向的田块平均高1℃～2.3℃。这是因为作物光合作用最旺盛的时间是一天的上午和下午，中午由于光照过强，温度过高，植物生命活动大大减弱，光合作用大大降低。基于这种情况，作物南北向配置时，上、下午作物的阴影投在行间，叶面通过强光的照射吸收更多的太阳能，而中午同行植株互相遮阴，以避免植株的过热而凋萎。最终有利于碳水化合物的积累，不断增加干物质的重量，使农作物高产。而东西向配置，不仅减弱叶面同化作用的效率，而且大大增加了由于作物的蒸腾所消耗大量的土壤水分，对作物生长不利。根据上述情况，在地形、耕地形状、水土保持、防风要求等条件允许时，尽可能使耕作田块长边方向设计为南北向或接近南北向。

（二）有利于田间机械化作业

耕作田块的方向直接影响着拖拉机功率的利用率和机械作业效率。在坡耕地上，当拖拉机顺坡耕作时，允许坡度一般在10°范围内，但坡度每增加1°，上坡时牵引力约损失5%，下坡则增加3%，而后者远不能经常被实际运用。当拖拉机横坡耕作时，由于左右两轮上的负荷不同和受到侧向反作用力，而加大滚动阻力，也会造成拖拉机牵引力的损失。为了尽量减少拖拉机在坡地上作业时的功率损失，一般应横着坡向设计耕作田块，即使耕作田块的长边沿着等高线。

（三）有利于水土保持和排水

从水土保持的角度来讲，耕作田块的长边方向应沿着等高线配置，这样可以减少地表水土流失。在丘陵山区，当坡度超过3°时，耕作田块长度应沿着等高线或与等高线保持一定的角度配置，以达到保持水土和减少拖拉机牵引力损耕的目的。当坡度大于6°时，应修各种形式的梯田。在降雨量较大的地区，当坡度为

1.5°～2°时，田块长边方向应顺坡布置，有利于排水；当坡度大于2°时，田块长边应沿着等高线布置。在盐渍土区，田块方向应保证最末级固定排水沟垂直于地下水的流向，以利于截排地下水，降低地下水位。

(四)有利于防风

在风害严重的地区应设计农田防护林带，一般沿田块长边方向配置主林带，沿其短边配置副林带。为了使农田防护林带获得最佳防风效果，主林带方向应与主害风方向垂直，当受地形等因素限制，主林带不能与主害风方向垂直时，林带与主害风方向夹角不小于30°，以保证林带获得一定的防风效果。

(五)有利于农田灌溉

在有灌溉条件的地区，耕作田块的长边方向一般是灌水方向。因此，在设计田块的方向时，一定要考虑有利于农田灌溉，田块长边方向要与田间灌溉系统的规划统一考虑，为田间灌排渠道的布置创造良好的条件。

综上所述，在确定田块的长边方向时，必须综合考虑上述各项要求，根据地区自然经济特点和农业生产上存在的主要问题，首先服从当地的主要要求，并适当照顾其他方面的要求。

二、耕作田块长、宽的确定

耕作田块的长、宽和形状应根据规划地区的特点、田块面积，合理组织生产和有效利用农机具，田块面积等因素具体确定，在风害严重地区还要考虑合理配置林带的要求。

(一)田块长度

田块长度的设计应有助于提高机械化作业效率，有利于合理组织田间生产过程，满足组织工作和土地平整的要求。田块长度直接决定拖拉机空行距离与转弯作业的次数，因而也就决定了拖拉机的油耗和田间作业成本。田块长度越短，拖拉机转弯次数越多，消耗于转弯的时间和燃料就越多，机械效率就越低。据研究，当拖拉机的作业单程为50米时，转弯作业占全部作业的56.1%，毁坏的庄稼占田块面积的24.8%；当拖拉机的作业单程增大为1 500米时，转弯作业降低到占全部作业的4.2%，毁坏的庄稼占田块面积的0.8%。

田块长度的增加对提高机械效率有好处，但给灌溉渠系和平整土地造成一定困难。首先，田块过长，相应的田块面积增大，这样就很难满足地形均匀一致的要求，从而增大平整土地的工程量。其次，田块过长会增大输水距离和输水损失，对提高渠道和田间有效水利用系数不利，而且造成农田不能均匀灌溉，造成上段作物受渍和下段作物受旱。据中国农业科学院农田灌溉研究所的资料，在机耕区，田块长度以1 000～1 500米为好。

(二)田块宽度

田块宽度应根据田块面积和田块最宜长度来确定。田块宽度应满足机械作业，灌溉排水和防风等方面的要求。

1. 机械作业要求　为便于机组顺利作业，一般把田块划分成若干作业小区。作业机组最适宜的宽度与作业的项目、走行方法和机组类型有关。

目前我国农业机械作业幅宽差异很大，田块宽度确定时应以最大动力作业机组的最适宜宽度作为参考，尽可能使田块宽度设计为适宜作业小区宽度的整数倍。具体设计时，还应考虑机组的作业宽幅，一般按播种机的宽幅计算，这样可避免机播时漏播、重播等现象。田块的总宽度应等于田块净宽加上一条农渠和一条农沟或一条中心地埂所占的宽度。

2. 灌溉与排水要求　为了排除地表径流和地下水，一般以田块长边规划排水沟，排水沟间距主要根据排水地区的自然条件、土壤条件、地面坡度和作物允许耐淹时间而定。当排水沟深为2～3米时，末级固定排水沟间距为黏土80～200米，壤土200～400米，有沙性层壤土400～500米，易渗水的土壤500～600米，有砾石层的土壤600～1 000米。

为了保证灌溉的需要，一般沿田块长度规划农渠，再在农渠以下根据不同灌水技术的要求规划田间各种临时渠道。因此，田块宽度取决于田间临时渠道的最适宜长宽度。从灌溉要求来讲，田块宽度以200～400米最为适宜。

3. 防风要求 主林带沿田块长边配置，其间距为田块宽度。因此，要保证防护林带有最大的防风效果，田块宽度不应超过树高的25倍。此外，还应考虑到田间管理的要求。

(三)田块的长宽比和形状的确定

为适应田间机械作业的要求，首先应保证田块外形规整，以长方形或正方形最宜。田块的宽度和长度之比一般为1∶1、1∶2、1∶2.5、1∶3，其次是平行四边形或梯形。这样，可以避免耕作时重耕、漏耕或留下楔形地块。为适应地形的变化，便于排灌渠系的布置，田块的两边可设计成相互平行的折线，但曲折度不宜小于150°。

在靠近自然边界(如河流等)的耕地内，由于自然边界的曲折致使耕作田块的边界为曲线，因此应将自然边界设计在田块的短边上，这样可以充分利用自然边界的实际曲线，既不影响农田作业，又能充分利用土地。

农机具在三角形田块上作业时的空转率高于同等面积长方形田块的1～1.5倍，因此在耕作田块规划中应尽量减少三角形地块和多角形地块。

总之，在耕作田块规划中，要尽量使田块形状规整，避免和减少三角形田块和边角小于45°的锐角。田块的设计除考虑大小、方向、形状外，还应考虑田块内土壤耕性的一致性，地形起伏的大小，以及居民点、沟渠、道路、林带之间的关系，以便减少平整土地的工程量和田间管理的难度。

第三节　农村耕作田辅助用地管理

田间灌溉系统是指在灌溉输配水工程系统的基础上，为满足作物需水，改良土壤，建立高产稳产农田而进行的配套工程。它管理的合理与否，直接影响灌溉制度的执行与灌溉质量的高低，而且对于充分发挥灌溉设施的效益，合理利用土地都具有重要的意义。

一、田间灌排渠系规划管理的原则

(一)与其他规划管理项目紧密结合的原则

在田间灌排渠道规划管理时，要结合田块、林带、道路的规划管理进行综合考虑、统一安排，既要使各项目的规划管理科学合理，又要使它们之间相互协调。一般应将田间沟、渠沿田块界限直线布置，做到田块规整、耕作和灌排方便。

(二)灌排渠道相协调的原则

在田间灌排渠道布置时，要注意与上级渠道衔接和配套以便于灌溉与排水。

(三)充分利用原有工程设施的原规划渠沟的水位相衔接

在田间灌排渠道布置时，由于自然条件和各种作物的要求不同，田间灌排系统的组成与布置也存在很大的差别，因此必须根据当地的实际因地制宜地合理布置。

二、田间道路规划管理

田间道路是农田基本建设的重要内容，是居民点、生产中心与农田间联系的主要纽带。为了顺利地进行田间作业，合理地组织农田生产就必须科学规划设计田间道路。随着农业机械化程度的不断提高，田间道路规划管理越来越显示出它的重要意义。

(一)田间道路规划管理的要求

田间道路的规划管理既要考虑当前人、畜运行的要求,同时还要满足农业机械化和组织灌溉的要求,田间道路规划管理应满足下列要求。

其一,田间道路应保证居民点、生产中心到农田具有方便的交通联系,线路要直,而且运输距离短,可顺利到达每一个轮作田块或耕作田块。

其二,田间道路布置必须与田块、渠道、林带、排水沟等项目进行综合规划设计,以便于农机具运转、农田生产和灌溉管理。

其三,尽量减少道路跨越沟渠,以减少桥涵等工程建筑物,节省农田基本建设投资,同时尽量减少道路的占地面积。

其四,田间道路应与农村骨干道路相协调,组成统一的农村道路网,并在平、纵、横 3 方面满足道路路线设计的技术要求。

(二)田间道路的类型及其规划 根据道路的用途和运输量的要求,分为路、田间道路和田间小道 3 种类型。

1. 田间主干道路 田间主干道路是农业机械从站点或居民点内的机组停放点向工作点转移的道路,是田间的主要道路,它服务于一个或几个轮作区,尽量与农村道路结合。田间主干道的规划设计直接影响着农机具空行路程的长短,因此在不影响农机具正常运行的前提下,力求使田间主干道路最短。根据目前我国使用的农机具规格,幅宽为 1.8～6 米。考虑到有些机组不需要拆卸就可以转移作业小区的办法,且机组的工作幅宽在 7 米以上,因此田间主干道路的宽度一般为 8 米。

2. 田间道路 田间道路是供农机具直接进入田间作业使用的道路,一般布置在田间的短边上,故也称为田间横向道路。灌溉地区田间道路的配置应考虑到灌溉渠系的布置,田间道路的宽度一般为 5～6 米。

3. 田间小道 田间小道一般沿田块长边布置,故也称田间纵向道路。其主要作用是为田间的生产、管理和运输服务，在田块横向作业时也可作为转向地带。一般田间小道的宽度为3～4米。田间道路网的占地面积一般可控制在土地面积的1.5%～2%。

第四节　农村园林产业用地管理

园林用地管理可分为园地、林地利用管理2个部分。园地是指以采集果、叶、茎为主的、集约经营的多年生木本和草本作物，覆盖度大于50%或每667米^{2}株数大于合理株数70%的土地。林地是指生长乔木、灌木、沿海红树林等林木的土地，不包括居民点在内的绿化用地，以及铁路、公路、河流、沟渠的护路、护岸林。

结合我国北方地区的特点，园地管理介绍果园的管理，林地管理主要介绍林地管理的一般知识。

一、果园管理

果园管理的任务是正确规划果园小区、道路网、防护林带、灌排渠及果园辅助建筑等项目，使果树能配置在最适宜其生长发育的地段上，并为改善生产条件，有效地组织生产管理创造良好的土地条件。

果园小区是被道路、灌排渠、防护林等所包围，种植同一主栽树种和几个授粉品种的地段。是栽培管理的基本单位，在果园规模较小时也可不划分小区。

(一)小区的面积和长、宽的确定

果园小区面积的大小决定于果园的规模，栽植某些树种和品种的面积，机械化水平及地形条件等因素。在平原机械化水平较高的情况下，小区面积较大，可在3.33～13.33公顷。在山地、丘陵地区，考虑到水土保持、排灌系统、自然割裂等情况，果园小区面积可适当减小，一般为2～3.33公顷。在地形切割程度大的地区也可在 2 公顷以下。

机械化水平较高的平原果园，小区的长度应满足机械化作业的要求，尽可能在 400 米以上；畜力作业的果园，可以在 200 米左右。小区的宽度要便于沿果树行间到四周道路上产品运输和保证具有足够的有效防风距离，小区宽度一般为 150～200 米。

(二)小区的方向和形状

小区的方向应与最适宜果树栽植的行向一致，在配置果树时应考虑保证果树的营养面积，提高对风的抵御能力，防止土壤冲刷和便于进行果树间作业和科学灌溉。各种配置方式定植株数计算公式如下：

长方形或正方形株数＝栽植地面积/行距×株距

棋盘形株数＝栽植面积/行距×株距×0.866

果园小区的形状，在平原地区以长方形为宜。在丘陵地带最好呈带状长方形，也可沿等高线方向有所弯曲。在平原地区也可采用正方形的果树配置方法，这时在果树行距间纵横方向均可使用同一农机具进行作业；在寒风较大的地区，按长方形配置时，应使小区长边垂直于主害风方向。在丘陵地区配置时，地面坡度超过 3°的应沿等高线配置；当坡度超过 7°的可采用水平沟种植，果树应呈棋盘式布置；在山区，地面坡度超过 15°时，最好修梯田种植。

同一小区最好配置在同一土壤和同一坡向的地段上，不要横跨分水岭。

二、果园防护林

果园防护林一般配置在果园的边界和内部沿小区边界上，主林带沿果园小区长边垂直于主风害方向布置，副林带配置在小区短边上，并与沟、渠、道路的规划相结合。主林带间距应与有效防护林距离一致，一般在 15～200 米。副林带间距为小区的长度，一般为200～400米。

山地果园防护林带的设计，迎风面林带要密些，背风面林带可稀些。由于山岭风常与山谷主沟方向一致，所以主林带多顺坡配置；并稍偏向谷口，便于山坡冷空气的排除，故在谷地下部多采用透风结构的林带。

在防护林带与果树行之间，为避免遮荫，一般留出宽度小于12～15米的空地带。同时，空地带也可作为农机具转弯地带和田间道路。

防护林树种应选择适应性强，生长速度快，寿命长，枝多冠密，与果树无共同病虫害，并有一定经济价值的当地乡土树种。如可选用作为建材、筐材、蜜源、油料等的树种，既能达到防风固沙，改善田间气候的目的，又能增加果农的经济收益。

三、果园灌排渠系管理

果园灌排渠系管理是为了保证果树在需水时能及时灌溉而规划设计的果园灌溉系统。平原地区果园的主要水源是河流或机井，这时最好使水源配置在果园地的中心，对于大型果园则需要配置几个水源，以保证果园的灌溉用水。

山地果园的水源可依靠河流、水库或提水灌溉。水库最好兴建在果园的上游，以保证自流灌溉，若上游无兴建水库的条件时，可在果园中选适当地点修建小型水库、塘坝来拦蓄地面径流，或建立抽水站，以动力抽水上山灌溉。

果园灌溉用水通过干渠从水源地引至果园，再通过支渠引水到果园小区。灌溉渠道一般在果园小区的短边配置，然后通过灌水沟将水引至果树行间，直接灌溉树盘。灌水沟与小区长边一致。干渠的比降一般为1/1 000左右，支渠的比降一般为1/500左右。

果园的排水系统应根据果园的地形、土壤、降水量等条件规划设计，一般在有下列情况时应进行果园排水系统的设置：果园地势低洼，易于积水形成土壤过湿或渍涝；土壤水质不良或有不透水层；果园邻近江河湖泊，地下水位高；水土流失严重的山地、丘陵地区果园。

在平地果园中的排水系统由毛沟、支沟和干沟组成，毛沟设在果树行间，支沟沿小区界线设置，干沟沿干道设置，干沟的末尾与容泄区相接。为节约用地和不影响机械作业，平地果园中的排水系统也可采用暗管排水。暗管埋设的深度和间距，可根据不同土壤的透水性及地下水位的高低而定，一般深度在 1～1.5 米，间距在 12～35 米。

山地果园的排水系统一般在山坡上部挖拦水沟，将多余水分直接泄入自然沟中，在梯田或撩壕的内侧设排水沟，连通两侧自然沟或排水沟，将多余水分排出园外。

四、果园道路规划

平原地区的大型或中型果园，运输量大，管理费工，因此必须设置方便的道路网。果园道路网地分干路、支路和小路 3 级，小型果园可不设小路。干路一般设在果园中部，呈十字形或井字形布置，把果园分成几个大区，并与居民点、公路、火车站相通，内与支路相接，通往各个小区；主要供机动车行驶，路面宽度为 6～8 米。支路一般垂直于干路，设于小区边界上，主要供田间作业机具行走和产品的集散调运，路面宽度一般为 4～5 米；小路是在小区内设置的通路，便于作业人员行走，道路间距一般为 50～100 米，路面宽度为 1～2 米。

山丘地区地面坡度大，地形复杂，山地果园的道路应按照地形修筑成迂回的盘山道，在道路内侧修排水沟，以截排坡面来水，保持路面干燥。

果园内应规划设置果园的工具房、仓库、包装场、给水设施（水池、水井等）、蜂场等辅助建筑物。工具房、仓库等应设在果园中部，并有干道相通的地方。包装场（堆果场）的设置应根据盛果期产量大小而定，可在1个小区或几个小区设1处，一般每11吨果实需堆果场0.13公顷左右。包装场一般设在小区交叉口的道旁，在山区应选在便于担运、装车之处，为防止果品在堆放中遭暴晒，堆果场应选在荫蔽的坡面上。

养蜂场的配置对果园生产具有重要的作用。蜜蜂采蜜能促进异花授粉和提高坐果率。蜂箱离果树越近，产果率越高。养蜂场应分散设在各小区内，每3.33公顷地至少养1箱蜂。对苹果、梨园最好每0.67公顷养1～2箱蜂。

五、林地管理

（一）林地的功能

林地具有群落整体性、结构层次性、更新长期性、效用外部性和潜力巨大性等特性。大量实践证明，木本植物生产粮、油、纤维比草本植物便于经营，光合效率高而且经济有效。

林地既有经济功能，也有生态和社会功能。据日本林业厅森林生态经济效益测算，日本的森林生态经济效益达12.8万亿日元，我国吉林省环境保护研究所对长白山自然保护区生态经济效益测算结果达76亿元。森林生态系统对气候、水文、土壤等环境因素均有重大影响，每公顷林地每天吸收二氧化碳900千克，产生氧气600千克。

（二）林地分区

根据1992年底提出的全国林业区划方案，全国共分出50个林区，在此基础上按气候、地税、森林植被类型等因素的相似和地域相关为条件进行归并，形成全国发展林业的7大林区。

1. 东北用材、防护林地区　该区位于我国的东北部，北界黑龙江，南至辽东半岛，东至乌苏里江，西接蒙古人民共和国，南北长1 500千米，东西宽1 400千米。包括吉林、黑龙江两省的全部，辽宁省的大部分和内蒙古自治区的呼伦贝尔盟、兴安盟、哲里木盟、昭乌达盟。总面积为120万千米^2，占全国土地总面积的1/8，是我国最大的木材生产基地。区内各部分的植物组成和植被类型差异很大，植被类型有森林、草原、沼泽等。

林区虽然生长期不长（一般仅有3个月），但发展林业的潜力很大。发展林业的重点是在经营管理好现有森林的同时，在缺林少林的中部平原和西部地区植树造林；扩大以林木为主体的绿色植被。

2. 蒙新防护林地区 蒙新防护林地区位于我国西北部，是我国最干旱、风沙灾害最普遍而又严重的地区。该区东起大兴安岭山地西麓，北与蒙古人民共和国交界，西与原苏联、阿富汗、印度等国相邻，南部界线东段为长城内外（400毫米等雨量线），西段为昆仑山和阿尼玛卿山。该区范围广阔，包括新疆维吾尔自治区的全部和内蒙古、宁夏2个自治区以及河北、陕西、甘肃、青海4省的大部分或一部分。总面积为414万千米^2，占国土面积的32.7%。该区年降水量少而且不均匀，年平均气温为2℃～6℃，自然条件恶劣，森林覆盖率不足1%，多分布在中高山地。保护好现有森林，因地制宜地大力营造乔、灌、草、带、网、片相结合的防护林，促进当地生态环境向良性循环，是该区今后发展林业的重点。该区发展林业的条件差异大。水分条件是植树造林的决定性因素。

3. 黄土高原防护林地区 黄土高原地区位于华北地区西部和西北地区东部，西起青海日月山，东至山西五台山，北界甘肃景泰、宁夏同心、陕西长城沿线和内蒙古呼和浩特、集宁一带，南至秦岭、中条山北麓。包括青海、宁夏、甘肃、内蒙古和山西等省、自治区的各一部分，总面积为37万千米^2，占国土面积的3.87%。

该区属于中温带半干旱和暖温带半湿润气候地区，年平均气温为3℃～14℃，多年平均降水量为400毫米左右，无霜期为100～220天，黄土覆盖深厚。由于土地开发历史悠久，加之资源利用不合理，大部分森林被毁，水土流失现象十分严重。该区现有的森林属于暖温带落叶阔叶林和寒温带针叶林。主要树种有云杉、华北落叶松、油松、华山松、白桦、山杨、侧柏、白皮松、杜梨、大果榆等。

4. 华北防护、用材林地区　该区东临渤海、黄海，西靠晋中盆地，南以淮海、苏北灌溉总渠为界，北抵辽河中游的康平、昌图县。包括北京市、天津市、山东省的全部，河北省的大部分以及辽宁、山西、河南、安徽、江苏5省的一部分，总面积69万千米^2，占国土面积的7%左右。该区是我国重要的农业区，现代化工业和交通也比较发达。

该区兼有山地、丘陵、盆地和平原，属于暖温带湿润半湿润气候，在燕山、太行山的中上部温度较低，具有温带半湿润地区的气候特点。年平均气温为4℃～14℃，由北向南逐渐升高，年降水量为400～950毫米，自西北向东南递增。无霜期为100～220天。该区森林植被以暖温带落叶阔叶林为主，山地中部为温带针阔混交林，上部为寒温带针叶林。主要树种有油松、赤松、华山松、云杉、冷杉、落叶松、指树、山杨、椴树、榆、刺槐、槐、臭椿、泡桐等。由于该区开发历史早，森林破坏严重，天然林基本无存，目前主要是天然次生林、农田防护林、海防林和“四旁”植树，森林覆盖率低，风、沙、旱、涝、霜、雹等自然灾害经常发生，木材、烧柴、肥料、饲料俱缺，现有森林与人们生活、国家经济建设和改善生态环境的需要有较大差距。今后林业发展的重点是扩大森林面积，提高森林覆盖率，同时相应发展用材林和经济林。

5. 西南高山峡谷防护、用林地区　该区位于青藏高原东部，从冈底斯山东段和念青唐古拉山西段南侧，沿嘉黎、巴青、杂多、石渠、色达往北绕班玛县北界，经甘肃迭部、宕昌一线为北界和东北界；南面为回境；西抵仲巴；东至沿四川阿坝藏族自治州的东界，越二郎山经木里至云南的丽江、兰坪、泸水以北一线。包括青海南部、甘肃南部、四川西部、云南西北部以及西藏的东部和南部。总面积为66.6万千米^2，占国土面积的7%左右。这里以农业牧业生产为主，但经营水平比较低，交通不便，经济比较落后。该区地貌特征复杂，境内有世界上最高的山峰（即喜马拉雅山的珠穆朗玛峰），也有山区丘陵，河谷平川，还有盆地。山高谷深，山岭与沟谷高差可达2 000米以上，造成气候的垂直变化十分明显。该区多数地区温和多雨，横断山北端干旱少雨。

特殊的地理位置和气候条件，决定了该区植被类型繁多，包括从寒温带针叶林到季雨林，这些植被类型按从东南到西北、自上而下的顺序有序分布。区内森林资源丰富，现有森林主要集中分布在横断山脉及高山峡谷区，西部很少。东部的川西林区和滇西北林区是我国主要的木材生产基地之一。目前存在的主要问题是：在已开发利用的林区，因集中过度采伐而使森林资源减少，生态环境恶化，森林质量下降；而未利用的森林，绝大多数为成熟林和过熟林，生长量很低，资源浪费十分严重。

6. 南方用材、经济林地区 该区分布在秦岭、淮河以南，西双版纳、南宁、广州、福州以北，二郎山及横断山以东，直至东海沿岸。包括贵州、江西、湖北、浙江5省的全部，四川、云南、广东、广西、福建、安徽、江苏等省、自治区的大部，以及甘肃、陕西、河南的部分地区。总面积为216.7万千米^2，占国土面积的22%。该区人口密度大，经济比较发达，在占国土面积不到1/4的土地上养育着占全国半数左右的人口，在全国具有举足轻重的地位。

该区土地资源丰富，山地、丘陵、高原、平原交错分布，山地、丘陵和高原占60%～70%。境内的平原区是我国南方商品粮、棉的生产基地，长江中下游平原是我国以农为主的三大平原之一。该区地跨中亚热带和北亚热带，年平均气温为14℃～21℃，年降水量为800～1 600毫米，无霜期为240～350天。水、热条件好，生长期长，林木生长快。杉木、马尾松、柳杉、速生树种只要20～40年就可长成中、大径树。

【案　例】

枣阳复垦不必要的田坎

湖北省枣阳市鹿头镇农民郭某在村民小组长的见证下，与同村的2户农民现场调换承包地：郭某用2块面积相当的耕地，同这2户农民对换，使原来由3家分户承包的一块地完全归属在自己名下。随后，郭某驾着“铁牛”犁平田坎，使地块扩大了不少面积。时下，在枣阳市农村，像郭某这样自发调换耕地的农民为数不少。他们通过调换耕地，不仅方便了耕作，而且使一部分田坎用地得到复垦，新增了不少耕地。

由于枣阳地形复杂，历史形成的田坎面积较大，加之第一轮土地承包时，多数村组按耕地等级、交通条件及离村庄距离远近平均分配承包，一块完整的耕地被划分成几块小地、分户承包的现象相当普遍，更是增添了许多田坎用地。1992年开展的土地利用现状调查结果表明，枣阳市田坎面积达14 000公顷，相当于当时枣阳市20个规模较大的村耕地面积总和；而且，一部分耕地因田坎缘故，由大变小，不利于机耕机收。

2003年5月，《枣阳市土地开发整理规划》通过评审，把“消灭不必要的田坎”作为全市节地挖潜的一项内容。市国土资源局本着科学、合理、增效原则，从2004年至今，共争取国家和省、市土地开发整理资金1 500多万元，整理土地1 200.67公顷，其间使数以万计的田坎用地成为耕地。与此同时，各地农民自发地调整土地，开展“复垦田坎运动”。据不完全统计，枣阳市近2年来已有57 000多条田坎从地类图版上消失，复垦后已增加耕地332.4公顷。

（资料来源：国土资源部土地整理中心网站，2005-11-10）

第四章　农村建设用地管理

第一节　农村建设用地概述

一、农村建设用地的概念和类型

农村建设用地是指乡(镇)村集体建设项目占用和使用范围的土地。按性质可分为3类:农村居民住宅建设用地、乡(镇)村企业建设用地、乡(镇)村公共设施及公益事业建设用地。

农村居民住宅建设用地又称农村宅基地,通常指农村居民个人(含回原籍乡、村落户的干部、职工、军人、城镇居民,以及回家乡定居的华侨、港、澳台同胞等)取得合法手续用以修建住宅的集体土地。

乡(镇)村企业建设用地是指乡(镇)、村(或村民小组)两级企业集体经济组织举办的企业、农民集资联办的企业,农民个体企业以及农民集体与其他单位和个人联办的企业使用本集体所有的土地。

乡(镇)村公共设施建设用地是指乡(镇)村中为适应或改善公众的物质生活需要而建设的各种基础设施的用地,如道路、桥梁、供排水设施、电力设施、通讯设施、公共交通设施和环境卫生设施等修建用地。乡(镇)村公益事业建设用地,是乡(镇)村中为公众的社会活动和公众的文化、教育、卫生、医疗及其他公共利益的需要而设置的各种事业单位的用地,如学校、影剧院、卫生所、汽车站、环卫所、防疫站、消防站等用地。

二、《土地管理法》对农村集体建设用地的一般规定

《土地管理法》所称农民集体建设用地包括原有的农民集体土地中的建设用地和经依法办理了农用地转用手续的农用地。

(一)可以使用农民集体所有建设用地的范围

按照《土地管理法》第43条规定,在3种情况下可以使用农民集体所有的建设用地。

1. 兴办乡镇企业使用本集体经济组织农民集体所有的土地

如乡镇办企业使用属于本乡(镇)集体所有的土地,村办企业使用属于本村集体所有的土地,村民组办企业使用本村民组所有的土地,个人办企业使用所在农民集体组织的土地。而不允许乡(镇)办企业使用村或村民组所有土地,村办企业也不能使用村民组或其他村集体所有的土地。但是农民集体经济组织用本集体所有土地与其他单位和个人以土地使用权入股、联营等形式共同举办企业的视为使用本农民集体所有土地,是允许的。

2. 农村村民建住宅使用本集体所有的土地 城镇居民使用农民集体土地,或农村村民建住宅使用其他集体所有的土地是不能允许的。

3. 乡(镇)村公共设施和公益事业建设使用农民集体所有的土地 这里的公共设施和公益事业包括农村道路、水利设施、学校、通讯、医疗卫生、敬老院、幼儿园、村委会办公室。不管是使用本集体所有的土地,还是其他集体所有的土地都是允许的,主要考虑一些道路、水利、设施及学校等,在本集体经济组织所有土地内无法安排;乡(镇)村无集体土地,需要使用村民组的土地时。因此,无法限定使用本集体所有的土地。

如果乡镇企业建设因本集体经济组织内无法安排,可以申请使用国有建设用地,按国有建设用地的规定办理。

(二)农民集体建设用地使用的原则

乡镇企业、乡(镇)村公共设施、公益事业和农村村民建设住宅,使用农民集体所有的建设用地都必须遵循以下共同的原则。

第一,必须符合乡(镇)土地利用总体规划,乡(镇)土地利用规划是集镇、村庄建设用地的最高原则,一切建设都必须服从,即只能使用乡(镇)土地利用总体规划确定的建设用地,不得使用规划中确定的农用地。

第二,必须依法取得县级以上人民政府批准,不论是乡镇企业、公共设施、公益事业还是农民宅基地都必须依法取得批准。不然都被视为非法占地,必须依法做出处理。

第三,建设占地与农村土地整理挂钩。严格控制占用耕地,原则上农民集体建设用地的规模不得再扩大,如需扩大规模或占用耕地,必须对农村土地进行整理,增加耕地有效面积。

(三)集体建设用地的收回

新《土地管理法》规定,农村集体经济组织报经原批准用地的人民政府批准,可以收回土地使用权,是指可以收回农民集体的建设用地使用权,不包括农用地使用权和农村集体土地的承包经营权。按照规定,下列情况下可以收回土地使用权。

1. 为乡(镇)村公共设施和公益事业建设需要使用土地的,经过批准,农村集体经济组织可以收回集体建设用地使用权 但对土地使用权人造成损失的应当给予补偿,原土地使用者及土地建筑物需要搬迁的,农村集体经济组织应当负责搬迁。为了防止农民集体经济组织借收回土地使用权侵害土地使用权人的合法权益,必须在建设用地报批时同时报送收回土地使用权方案,并取得批准,不然不得随意使用收回土地使用权的权力。

2. 不按照批准的用途使用土地的 是指建设用地被依法批准后,土地使用者擅自改变批准土地的用途,如批准为公益事业用地,而土地使用者未取得原土地批准机关同意变为乡镇企业用地等，都是不允许的。出现这种情况，经原批准机关批准，农村集体经济组织应收回土地使用权，并不予补偿。

3. 因撤销、迁移等原因而停止使用土地的 是指乡镇企业、公益事业、公共设施的所有者因某种原因被撤销，或迁移到其他地方，不再需要使用或无法使用该土地的，可以由农民集体经济组织收回土地使用权，重新安排使用，但不包括企业破产和兼并等情形。

第二节 乡(镇)村企业建设用地和公共设施及公益事业管理

一、乡(镇)村企业建设用地审批程序

用地单位申请用地须持有关批准文件，向县级以上地方人民政府土地行政管理部门提出申请；土地管理部门根据有关用地控制指标，会同规划部门、环保部门等，确定适宜的地址；用地单位持上级主管部门正式批准的文件和总平面图，向土地管理部门正式申请用地，由土地管理部门按规定的审批权限逐级报批；县级以上人民政府依法批准用地面积后，由县级人民政府登记造册，颁发集体土地建设用地使用证。

二、乡(镇)村企业建设用地审批权限

依照新《土地管理法》第60条规定："农村集体经济组织使用乡(镇)土地利用规划确定的建设用地兴办企业或者与其他单位、个人以土地使用权入股、联营等形式共同举办企业的，应当持有关批准文件，向县级以上地方人民政府土地行政主管部门提出申请，按照省、自治区、直辖市规定的批准权限，由县级以上地方人民政

府批准;其中,涉及占用农用地的,依照本法第 44 条的规定办理审批手续。”因此,乡(镇)村企业建设用地的批准权属于县级以上人民政府,对涉及占用农用地的,批准权属于省级以上人民政府。

三、乡(镇)村企业用地的补偿安置办法

乡(镇)村建设用地使当地的农业面积减少后,国家对乡(镇)村的粮食购销任务不予调整,不减免农业税。这样做的目的,是使乡(镇)村建设用地扩张时,以确保原有的农业生产力为前提,以确保原有的农业对国家所必须承担的各项义务为条件,这是制止盲目占用农业用地的一种有效措施。然而,在乡(镇)内部,是存在对建设用地的补偿安置问题的。

乡镇企业使用农民集体土地,应给予被用地单位适当补偿,并妥善安置被用地单位农民的生活和生产。按照《土地管理法》的规定,乡镇企业使用农民集体所有的土地的补偿安置问题,由各省、自治区、直辖市规定。从目前的实际情况看,主要有 2 种安置途径:一是吸收被占地单位符合条件的人到乡镇企业就业;二是鼓励其自谋职业,发放一定的安置补助费。补偿的项目,与国家建设征用土地的补偿项目基本相同,包括土地补偿费、安置补助费以及地上附着物和青苗补偿费等。

村办企业建设使用本村集体所有的土地,原来并不存在支付补偿费和安置补助费问题。但是,由于实行家庭联产承包制以后,村集体所有的土地已大部分承包给农民个人经营,农民根据承包合同对土地进行了投资,所以对占用农民个人承包的土地,应给予适当的补偿。首先,应免除承包合同中农民应负担的部分义务,视该土地附着物和青苗的具体情况予以适当补偿。其次,应该对承包地做必要的调整。也可采取村办企业吸收农民就业的方式,来解决补偿和安置问题。具体采取何种办法,应与当事人协商确定。

四、农村专业户建设用地的解决办法

农村专业户，包括农村个体工商业户和养殖户等。农村专业户建设用地，可以按照行业特点和经营规模，根据《土地管理法》和有关规定的精神解决。经营规模较小的农村专业户建设，利用自己有使用权的宅基地的，应服从村镇建设规划以及有关村镇建设的规定，其用地可以不再报批；需要扩大原有的宅基地或使用村内空闲地的，按规定报批。农村专业户建设用地，不仅要服从乡(镇)村土地利用规划，而且其用地面积不得超过省、自治区、直辖市按其行业性质和经营规模确定的用地标准。严禁以专业户建设用地的名义扩大宅基地面积。

五、乡(镇)村公共设施及公益事业建设用地管理

依照新《土地管理法》第 61 条规定："乡(镇)村公共设施、公益事业建设，需要使用土地的，经乡(镇)人民政府审核，向县级以上地方人民政府土地行政主管部门提出申请，按照省、自治区、直辖市规定的批准权限，由县级以上地方人民政府批准；其中，涉及占用农用地的，依照本法第 44 条的规定办理审批手续。"

另外，《村庄和集镇规定建设管理条例》第 20 条规定："乡(镇)村公共设施、公益事业建设，须经乡级人民政府审核，县级人民政府建设行政主管部门审查同意并出具选址意见书后，建设单位方可依法向县级人民政府土地管理部门申请用地，经县级以上人民政府批准后，由土地管理部门划拨土地。"

由此可见，乡(镇)村公共设施及公益事业建设用地的审批程序大致也包括申请、审核、批准 3 个步骤；审批权属于县级以上人民政府，其中涉及占用农用地的，由省级以上人民政府批准。

六、乡(镇)村公共设施、公益事业建设用地的费用补偿

乡(镇)村公共设施、公益事业建设用地的费用补偿应按照《土地管理法》和各省、自治区、直辖市的有关规定,对被占地单位支付土地补偿、安置补助及青苗、附着物补偿等费用。

乡(镇)村公共设施、公益事业建设占用村农民集体所有土地的,应按有关规定给被用地单位以适当补助,并妥善安置农民的生活和生产,被占用的土地所有权转归乡(镇)集体所有;村办公共设施和公益事业建设占用本村集体所有土地的,土地的所有权不变,但所使用土地上属于个人的青苗及附着物要给予适当补偿。

第三节　农村村民宅基地的管理

一、宅基地的定义

宅基地是指农民的住房、辅助用房(厨房、禽畜舍、厕所等)、沼气池(或太阳灶)和小庭院(或天井)用地,以及房前房后少量的绿化用地。宅基地不包括农民生产晒场用地。

农村居民主要包括:农村村民、回原籍乡村落户的城镇职工、退伍军人、离退休干部、回乡定居的华侨、港澳台同胞等。

农村宅基地面积,是以"户"为单位来划定和表达的。其内容包括主体建筑物住宅和场地设施2个部分。不包括农业生产晒场用地。

农村宅基地范围主要包括以下几种情况。

一是房前屋后砖石砌成的台阶或花坛,应计算到房主的宅基地中;若无台阶,应根据该户主要活动场所的位置(房前或房后)适当计算一定宽度的面积。

二是由属于同一户的建(构)筑物形成的3面或封闭的区域,如由主房、厨房、猪圈3面合起来的地段,能为一户使用,应计算为该户的宅基地。

三是若空地上某户种植的植物使得该土地不能有其他用途时,应计算为该户的宅围地。

四是凡是由某几户共同使用而不是作为公共用地的地段,应分摊到各户中去。

五是由属于同一户的建(构)筑物所围成的不能移作他用的死角空地,应计为该户的宅基地;由属于不同户的建(构)筑物所围成的死角空地,应计算分摊到相关户中。

六是临靠村内公共道路的农户,空地和道路的界线不易区分,这种情况可根据村组干部和农户的意见,按照行人的大致边界确定。

二、农村宅基地规划管理

村镇规划是实施农村宅基地规划管理的重要基础工作,新《土地管理法》实施后,各级政府应本着"统一规划,合理布局,节约用地,方便生活"的指导思想,抓紧编制和修编新一轮村镇规划。

村镇规划在农村宅基地布局时要与旧村改造相结合,提倡多户联建,逐步向公寓过渡,做到少占土地,节约用地,尽可能不占耕地。村镇规划的编制要与同级城市总体规划、土地利用总体规划、基本农田保护规划相衔接,做到四图合一,期限一致。对村镇规划中的主要指标如村镇建设用地规模、人口发展规模等,要根据当地经济、社会发展的实际,实事求是地测算和确定。人均用地必须控制在各省、自治区、直辖市规定的定额指标范围以内。

村镇规划的编制工作由各区、县(市)政府统一部署,建设、规划、土管部门负责业务指导,乡(镇)政府负责具体编制。对已到期的村镇规划,要及时进行修编。村镇规划经建设、规划、土地管理等部门审查后，报有批准权的人民政府批准实施。

三、农村宅基地的审批管理

农村居民建房用地必须坚持按规划、按计划、按定额、按程序、按权限依法审批。坚持统一安排，定点放样，不得自行选址。要提倡相对集中建房，推广联建统建，有条件的地方应建造公寓式住宅，严格控制建造独立式住宅。要严格执行农村宅基地法定限额标准和其他限额标准。

农村居民1户只能有1处不超过标准的宅基地。今后，对农村居民要求建新房的，必须严格执行拆旧房建新房的规定，否则不予审批，坚决刹住出现新的1户占有2处以上宅基地的情况。对现有2处以上宅基地的，要区别不同情况依法作出处理。除依法按面积限额批准使用的宅基地外，圈用房前屋后集体土地和建新房不拆旧房及超面积建房的均属违法用地，应予以依法处理。对违法用地上的建筑物、构筑物，原则上应予拆除，退出多占的土地。对一时确实难以拆除的建筑物、构筑物或其他原因确实难以退出的超占土地，可以采取行政、法律和经济手段，促使其尽快退出土地。退出的土地，由村镇统一安排使用。

要进一步健全和严格执法使农村居民建房按规定办理规划、建设用地审批手续和台账制度，推行“四公开、四到场、一监督”制度，即建房用地指标公开，建房用地审批程序公开，建房用地条件及申请名单公开，建房用地审批结果公开；定点到场，放样到场，砌基到场，竣工验收到场；接受群众监督。

要依法加强农村宅基地权属管理，实行以证管地。所有宅基地都必须登记造册，领取集体土地使用证。凡无证使用宅基地的，按违法占地处理。要及时调处宅基地纠纷，维护宅基地管理的正常秩序和农村社会稳定，乡镇土管所和土管员要定期对宅基地使用情况进行巡回检查、监督，加强宅基地的动态管理。各地要积极开展无违法用地、无违法批地、无违法管地的“三管”乡镇活动，努力防止各类土地违法案件的发生。

四、申请宅基地的条件及标准

符合以下条件，可以申请宅基地：统一规划建设的新村、居民点，需要安排宅基地的农户；原有宅基地面积低于规定限额标准，居住拥挤的农户；一些确实需要分家、分居而又无宅基地的农户；回乡落户定居而又无宅基地的离休、退休、退职职工及其家人、华侨、侨眷等。

农村村民每户只能拥有一处宅基地，并且面积不能超过省、自治区、直辖市规定的标准。宅基地的用地标准各省根据不同情况有相应的规定。

宅基地已达到规定的标准就不能再申请新的宅基地，要建新的住宅可在原住宅上改建，或退出原宅基地，再申请新宅基地。但对由于房产继承等原因形成的多处住宅（包括宅基地），原则上不做处理，村民可以出卖等方式处理，也可以维持原状，但房屋不得翻建。房屋损坏后，退出多余的宅基地。

村民因住房出卖、出租而使用宅基地达不到标准，或没有宅基地的，不得申请宅基地。但因 2 户的宅基地都达不到标准而相互之间进行调剂的，经过批准可以申请宅基地。严禁利用建住宅为名搞房地产开发和炒作房地产的行为。

根据北京市国土资源局公布的办事程序，申请宅基地有以下几个条件。

一是申请人主体资格。包括本集体经济组织成员；子女已达到法定结婚年龄，无房分居；现有宅基地（包括 1982 年以前划定的老宅基地）按所在区县规定的建房用地标准无法扩建，农村村民 1 户只能拥有 1 处宅基地，面积不得超过规定标准，将原有住房出卖、出租或赠予他人后再申请宅基地的，不予批准；四邻同意申请建房，村民代表大会决议通过并进行公示，经乡镇政府审核同意。

二是申请的宅基地应是经依法批准的集体建设用地，如占用农用地须依法办理农用地转用手续。

三是符合乡镇土地利用总体规划，充分利用村内空闲地、老宅基地及荒坡地、废弃地。

四是通过建设用地预审。

五、农村宅基地整理的模式与方法

农村宅基地整理，是指通过对已有农村宅基地的深入加工、改造、调整及整治，消除原有宅基地利用中对社会经济发展起制约或限制作用的因素，促进土地利用的有序化、集约化、合理化和科学化，从而提高土地利用率的一项土地利用管理工程。宅基地整理的方式主要有以下 3 种：撤并零散村落，建设中心村；按照村镇规划，将农村居民住房逐步向荒坡、荒地转移，将适宜复耕的宅基地退宅还耕；按照村镇规划，改造旧村旧镇，拆旧建新，整治“空心村”，提高村庄建设总体水平。

（一）旧宅基地整理还耕模式

将旧宅基地整理还耕的前提是挑选地势平坦、坡度小、土质较好等适合耕种的宅基地。旧宅基地复垦还耕的措施应从以下方面着手。

1. 充分依靠当地群众是顺利开展的保证 由于旧宅基地整理还耕涉及房屋搬迁、土地调整、林木砍伐、果树移栽、电线改迁、坟墓搬迁等具体问题，需要做大量细致而艰巨的工作，所以要做好宣传动员工作，让群众了解旧宅基地整理还耕的意义并积极支持配合这项工作。

2. 认真规划，精心施工是关键 旧宅基地整理还耕需要通过工程措施来实现，而工程质量的优劣直接关系到还耕土地的质量。要搞好旧宅基地整理还耕，一是要搞好规划，由于各整理区地形地貌各不相同，就要求必须按有关规定和实际情况来规划，在考虑到方便整理区群众生产、生活的同时，实施山水田林路综合整治，完善路渠系统，提高整理项目的社会效益、生态效益和经济效益。二是在施工前应选择好施工队伍，选择施工队伍时，尽可能选择本村的人员，这样有利于调整施工，及时解决出现的各种问题。三是在施工过程中，应派专人自始至终监督和检查施工质量，确保工程施工及旧宅基地还耕按质如期完成。

3. 搞好复垦耕地的管理和利用，是旧宅基地整理还耕的重要环节 旧宅基地整理还耕的最终目的是整理出高质量的耕地投入生产。由于旧宅基地整理前分别属于原房产管理和使用，房屋拆迁后，原住户仍然认为他们对原宅基地拥有使用权，进而对复耕的土地仍有经营权。如何管理和利用复耕地，是统一经营管理还是分户经营管理，要根据实际情况而定。如果复耕土地面积大、适宜规模种植，最好采取竞标方式选择专人统一经营管理，以提高土地利用率；如果复耕土地面积较小不适宜规模种植，也可以将复耕土地分户种植，由耕地户向集体缴纳租金方式保留集体土地权属。

(二)旧宅基地改造建新村模式

农民新村建设应在旧宅改造的基础上，充分听取建设者、乡镇、有关职能管理部门意见，综合考虑人口容量规模、水源、交通、通讯、文化、教育、卫生、外部环境质量和地形地势等综合条件因素，因地制宜区别情况来把握。

首先进行新村建设规划。新村的规划必须因村而异，因地制宜，合理布局。例如，针对武汉市新洲区而言，在实施过程中，应尽量采用原有大宅村的宅基地，进行嵌入式最为适宜。嵌入式建设主要致力于老宅村的内部闲空地及废旧宅基地的利用。

这种嵌入式模式，有一个前提条件，就是旧宅村有较大的可挖潜性，有较多的空闲地，可供综合利用。在此基础上，对新建和扩建的村民住宅，严格按新村的详细规划逐户进行规范地改造，并对原宅基地的翻建必须按照规定的宅基地标准、建筑占地和建筑面积,结合规划进行建设,设计上要求做到风格与大面积旧宅统一。

在实施新村建设的过程中,还要注意调整宅基地比较难的问题。因为农村土地通过 30 年延包的再分配,大多数土地的使用权在村民手中。新村建设不可避免地涉及用地的征地和使用土地方案。这时新村的建设就应该通过征用或集体地流转的方式来解决用地。否则,被用地的村民的靠土地吃饭、劳力安置、养老等问题就接踵而来了。其次需要关注的就是新村的公共基础设施的建设。众所周知,公共基础设施的配套情况对新村居民起到决定性的作用,必须率先解决基本的四通(通水、通电、通讯、通车)问题。经费来源是这项建设最主要的一个方面,大体可通过以下几种方法解决。

一是由新建房户投入部分资金,协助进行公共设施建设。投资量按新村总户数平均进行分摊,或在村集体资金许可下,由村集体承担部分。

二是采取以公共设施养公共设施的建设。即以公共设施(例如一些门面),能经营的以出售或出让,筹集公共设施建设基金。

三是村集体助资来解决。当然这必须在村集体资金雄厚的前提下才行。在此前提下,由各村集体对公共设施建设进行一次性投资,使公共设施建设尽快完成。

四是由政府用房地产开发的模式来解决启动资金问题。即由政府按国家有关规定,选择有房地产开发资质的单位在集镇优越地区进行商品房的开发,利用开发单位的盈利直接支持公共基础设施建设。

总之,新村建设要充分体现合理用地、节约用地,将有限的土地资源真正用到实处上。新村规划用地手续一定要简化,一旦建设规划和土地利用总体规划确定,审批手续一切从简,使新村建设有条理、有步骤地顺利实施。

(三)其他利用模式

将旧宅基地用做他用需要根据不同用途进行规划并结合本地区的特点,因地制宜。当然也可将旧宅基地按程序提供给其他用户使用。可以通过等价交换的办法,一是由集体经济组织收购,二是异地置换。不过这种方法的前提是农村宅基地整理得到了政府和集体组织大力的支持。具体构想为:经过评估向原宅基地使用者颁发《宅基地权益证书》,凭该证可以在一些较为发达的城区换到一定面积的土地。这种方法可使城乡土地资源得到合理的配置。

【案 例】

武汉市新洲区农村宅基地的整理

新洲区位于武汉市东北部,东临团风县,西临黄陂区,北与麻城市、红安县交错毗连,南与武汉市、鄂州市隔江相望,地域广阔,经济发展迅速,与江夏、蔡甸、黄陂并称为武汉市四大郊区。新洲区农村宅基地利用现状全区农村有 3 517 个居民点,在 1996 年农村居民点占地面积为 7 960.28 公顷,占全区城镇用地面积的 70.06%。

一、新洲区宅基地利用存在的问题

(一)农村居民点缺乏合理的规划 农村居民点布局基本上处于自然形成、自我发展的无序状态。一些村庄在规划建设时,只注重新房要成排成块,而忽视了对旧房宅基地的改造利用,造成了农民建房的盲目性和随意性。

(二)旧宅纠纷多,翻建不易 新洲区大多数乡镇还是保持农村的状态,宅基地布局散乱,房屋间隔小,出路狭窄。另外,富裕起来的农民为求宽敞、讲美观、图方便,纷纷舍弃旧房,在村外或公路边修建新房,以满足自己追求更高消费的心理。部分村庄用地数量大、人均占地严重超标,村庄用地规模趋增,耕地保护压力加重。

(三)农村居民点规模小,功能不齐全 在新洲一些乡镇居民点,基本上只有居住功能,很少有文化娱乐、生产服务等配套设施,给农民的日常生产生活带来较大的不便。

(四)土地浪费现象在一些村镇还很严重 许多农户在申请宅基地时宽打窄用,且每村还有另立的晒谷场。还有一些另建新房的村民将丢弃的旧房用来堆放杂物、禾草,或者关养猪、牛,或干脆闲置不用。所有这些造成农村存量土地多,土地利用率低,土地浪费严重。

(五)环境质量差 新洲区农村虽然有较为纯净的空气,但由于受经济条件的制约和传统习惯的影响,多数居民点的环境状况堪忧。多数农户人、畜不分家,猪、鸡、人同居一栋房,家庭的生活环境难以改善,生活垃圾随处弃置,人、畜粪便无法处理,雨天污水横流,道路泥泞,高低不平。

二、新洲区农村宅基地整理的思路 新洲区农村宅基地整理的思路如下:组织领导班子—收集相关资料—进行宣传动员—模式选择—划定不同模式区—模式实施规划—施工放样—竣工验收。

第一,开展居民点用地清查摸底,宣传土地法规。通过摸底清查可以了解各居民点人口及其结构、用地总规模、建筑占地面积、建筑容积率、闲置土地及其比率、农宅布局、所在村土地总面积、耕地面积、粮食单产水平及存在的问题等,从而为土地利用总体规划、土地整理、村庄建设规划与详细设计提供依据,使广大群众为农村宅基地整理从思想上、心理上排除障碍。

第二,科学规划,严格管理在规划过程,要综合考虑社会、经济和生态效益,把宅基地整理与小城镇建设、新村的发展和撤村并点并镇、旧村改造等结合起来,使村庄建设既不浪费土地,又能满足广大群众生产、生活需要,促进土地的集约利用、村庄的美化和农村经济的发展。在用地管理上，要以规划为依据严格建设用地审批制度，实施用途管制制度，做到超标建房一律不批，有空闲地而占耕地的一律不批，不按村庄规划的一律不批，可拆旧建新而申请另择地建房的不批。坚决执行一户一宅和以地置地政策，对已批的宅基地1年不使用、2年不建成的坚决限期收回。明确宅基地整理的任务与责任，加强对宅基地整理的技术指导、行政监督和过程检查，严厉处罚不履行宅基地整理的单位和个人。

第三，健全农村宅基地整理制度，严格执行土地开发整理规划。土地整理的制度和规范是土地整理的行为准则，要加快土地整理责任制度、奖惩制度、资金筹措和使用并与专项管理制度及村规民约的建立相结合，制定宅基地整理优惠政策，使宅基地整理的责任能真正落实到户、到人，并充分调动干部群众参与宅基地整理的积极性。

第四，引进市场竞争机制，多渠道筹措资金，多模式开展宅基地整理。宅基地整理资金可以是农民自筹，也可以是通过向村民拍卖村内建设用地使用权所得收益，移民建镇等大规模的宅基地整理还可以争取政府的财政支持和有关部门与企业的资助，对土地整理资金实行专款专用。宅基地整理除按规定由用地农民和单位负责外，还可以通过建立激励机制，积极鼓励有意参与的个人和单位投入到宅基地整理中来，让农村宅基地整理成为全民性活动。

（资料来源：农村宅基地整理模式与方法研究——以武汉市新洲区为例）

第五章 农村土地资源保护与整治

第一节 农村土地退化防治

20世纪70年代以来，全球性的资源与环境问题日甚一日。无论是土地污染，还是生态危机，都可以追溯到土地的不合理利用，从而导致土地退化问题，更深层次的原因在于土地资源的稀缺性与有限性。随着建立全球生态、经济新秩序的呼声日益高涨，土地退化问题成为全球关注的热点。

一、土地资源退化的概念与类型

土地退化是指由于人类不当的土地利用或某些不利自然因素的影响，导致土地生产能力或其他功能的衰减，以至土地生态系统向简单无序的方向演替的过程。土地退化是一种“慢灾害”。灾害是自然发生或人为驱动的、对人类社会具有危害性后果的事件与现象，主要表现为对人类生活环境及生态环境的破坏。

土地退化是自然环境灾害的一种表现形式，它表现为人类生存环境物质系统的破坏，即物质资料的客观存在的量减和质退。土地退化灾害一般在较长时间内形成，有着明显的过程性。这类灾害的特点是年内损失较少，但其影响深远，甚至迫使区域整体性生产规划做出较大的调整。土地退化灾害发生的机制可从土地生态系统的结构与功能2个方面来解释，即系统结构的简单化和系统功能的衰退。

土地退化大致可分为水土流失、土地沙漠化、土地次生盐渍化、土地污染等类型。

二、土地退化的防治

土地退化防治包括防与治2个方面，防是指消除可能造成未退化土地发生退化和使已退化土地继续发生退化的各种动力因素；治是指对已退化土地所进行的建设性改造。

土地退化防治可通过2个途径来进行，一是从自然条件着手，人为改造土地条件，使地形、土壤、水、植被、热量等自然因素处于较好的组合状况；二是从人类活动自身着手，采取有利于保护土地的开发利用技术和方法。

(一)水土流失防治

水土流失是我国土地资源退化的一个重要因素。

1. 水土流失的原因 在水力、重力、风力等外营力作用下，水土资源和土地生产力的破坏和损失，包括土地表层侵蚀及水的损失，亦称水土损失。土地表层侵蚀是指在水力、风力、冻融、重力以及其他外营力作用下，土壤、土壤母质及岩屑、松软岩层被破坏、剥蚀、转运和沉积的全部过程。我国地势西高东低，山地、丘陵和高原约占总面积的2/3，土地面积中沙漠、戈壁、冰川、石山和高寒沙漠等占35%。由于地势起伏和坡度关系，表层的土壤颗粒易随地表径流顺坡流失而进入江河汇入海洋。另一方面，我国又是一个季风气候的国家，水旱季节交替明显，降雨多集中于夏秋，并常集中以暴雨的形式出现，这种气候和降雨特点，既不利于稳定的植被生长，也为水土流失提供了强大的自然营力。由于特殊自然地理和社会经济条件，全国绝大多数省、自治区都存在不同程度的水土流失。我国每年流失的土壤达50亿吨。2004年全国土壤侵蚀量为16.22亿吨，相当于从12.5万千米^{2}的土地上流失掉1厘米厚的表层土壤。我国水土流失量主要来自坡耕地水力侵蚀和沟道重力侵蚀，并由此导致水土资源破坏，降低土地生产力。水土流失的自然因素主要有地形、地质、降雨、土壤和植被等。在社会经济因素方面，人类不合理的经济活动是造成水土流失的直接原因，如滥伐森林、陡坡开荒、顺坡耕地、过度放牧、铲挖草皮、乱弃矿渣废土等。

2. 我国水土流失及治理现状 我国的水土流失治理工作经历了试验、示范、推广和提升 4 个阶段。山坡修建梯田是中国劳动人民的历史杰作。把山坡修成梯田，既保土又保水，许多这样的梯田已耕作了几百年。20 世纪 80 年代以来，各地水土保持人员又创造了很多政策的、技术的经验，如户包或联产承包小流域治理、规模治理、拍卖“四荒”使用权，建立水土保持综合治理与开发经济实体等，都发挥了很好的作用，推进了治理速度和提高了治理效益。在治理技术措施方面，有生物措施与工程措施相结合、沟坡兼治、山水林同治、长短结合、治理与农、林、牧、副、渔综合利用并举等，历史上还创造了一些独特的蓄水保土耕作法，如等高耕作、水平沟种植、垄作区田等。目前，25 片重点治理区遍布全国 7 大流域，总面积达 52 万千米^2；在非重点治理区内，11 000 多条小流域得到了治理，总面积达 40 多万千米^2，已竣工验收的小流域3 000 多条。50 多年来，水土流失治理工作在改善山区农业生产条件，促进农村经济发展，减少河流泥沙量等方面均发挥了重要作用。一些地区已经有效地控制了水土流失，进而改变了贫困面貌。

有关统计资料表明，我国治理水土流失的速度有不断加快的趋势。1950～1985 年期间累计治理水土流失面积 33.84 万千米^2，年均治理 0.94 万千米^2，1986～2000 年累计治理水土流失面积 53.57 万千米^2，年均治理 3.57 万千米^2，与前期相比治理速度提高了 2.7 倍。从最近 15 年看，“八五”期间累计治理水土流失面积 17.54 万千米^2，比“七五”期间高 30.6%；“九五”期间累计治理水土流失治理面积 22.60 万千米^2，比“八五”期间又高 28.86%。

进入 21 世纪以后，全国土地退化综合治理力度加大，治理范围扩大。新启动了黄土高原淤地坝工程、东北黑土区水土流失综合防治试点工程和珠江上游南北盘江石灰岩地区水土保持综合治理试点工程，全国在原8片重点防治工程的基础上，实施了“国家水土保持重点建设工程”。同时，加大了对长江上中游水土保持重点防治工程、黄河上中游水土保持重点防治工程、京津风沙源治理工程、21世纪初期首都水资源可持续利用规划水土保持工程、晋陕蒙砒砂岩区沙棘生态工程、国家地方水土保持重点防治工程和国家农业综合开发水土保持项目等重点防治工程的实施力度。截至2003年底，全国累计完成水土流失综合治理面积89.7万千米^2，是1982年的2.2倍，其中小流域治理面积累计达35.6万千米^2。水土流失治理面积呈持续增长的态势，水土流失治理率由1990年的39％增加到2003年的54.4％，上升了15.4个百分点。水土保持设施每年拦蓄泥沙能力15亿吨，增加蓄水能力250亿米^3，减少入黄泥沙3亿吨。通过小流域综合治理，发展高效农牧业，项目区陡坡耕地退耕还林，实施封育保护面积10万千米^2，基本解决了4 000多万人的温饱问题，为水土流失治理区社会经济可持续发展奠定了坚实的基础。

虽然我国水土流失综合治理有如此大成就，但是，目前还是一边治理、一边破坏、点上治理、面上破坏，局部有所改造，整体继续恶化的情况普遍存在。因此，今后我国在继续以小流域为单元进行综合治理和研究推行水土保持耕作法的同时，林业部门正在规划和实施大规模的生态林业工程，以期构筑一个强大的生态体系，从根本上扭转中国的水土流失趋势，改善生态环境和走上持续发展的道路。目前规划和实施的主要生态工程是：在“三北”水土流失区，结合“三北”防护林体系的建设，实现水土保持与防治沙漠化两大目的；在长江流域水土流失区，开始长江防护林建设，建立以水土保持和水源涵养林为主体的生态防护林体系；在沿海水土流失区，以防风和防止水土流失为方向，建立防浪护堤林等农田防护林网；在太行山区，营造水源涵养林、水土保持林，将水土保持、生态建设和经济发展密切结合；在淮河、珠江流域，也同样以水土保持和经济发展并举而建立防护林体系。

(二)土地沙漠化防治

土地沙漠化是当前人类所面临的重大生态危机之一。根据联合国环境署的资料，全球受到荒漠和土地沙漠化影响的地区约有32亿多公顷，约占全球陆地面积的1/4；其中55%分布在非洲，35%分布在亚洲，并以每年600万公顷的速度增长。预计到22世纪初，全球将要损失的土地相当于现有耕地的1/3。

土地沙漠化是指干旱、半干旱及部分半湿润地区，由于人为不合理的经济活动(如过度垦殖)，破坏了原本比较脆弱的生态平衡，使得原来并非荒漠的地区出现了类似荒漠景观的土地退化过程。

1. 土地沙漠化的原因 土地沙漠化是由自然与人为因素相互作用的结果。干旱多风与疏松沙质的地表是荒漠化的自然因素，人类的强度开发与不合理利用土地，则是近期土地沙漠化过程的直接原因。严重的荒漠化可使土地生产力全部丧失，导致生态环境趋于恶化，并对我国的农业生产形成严重的影响。我国约一半国土处于干旱和半干旱地带，受少雨多风和人为破坏植被的影响。沙漠和沙漠化土地在不断地扩展，使中国成为世界上沙漠面积较大、分布较广、危害较严重的国家之一。

据有关研究，我国北方地区沙漠化土地的成因主要就是人为活动减少了沙区植被所引起的。在北方沙漠化土地形成原因中，以草原过度农垦为主的占25.4%，以草原过度放牧为主的占28.3%，以过度采掇为主的占31.8%，因工矿交通或城市建设破坏植被导致沙漠化的占0.7%，因水资源利用不当而发生沙漠化的占8.3%，只有5.5%是由自然风力作用造成沙丘前移而导致农田或草场沙漠化。

2. 土地沙漠化扩展现状 土地沙漠化主要发生在西北、华北北部和东北西部地区，面积约17.6万千米^2，其中近百年形成的约占1/3。受沙漠化影响的有12个省、自治区，212个县、旗，400万公顷耕地，近0.07亿公顷的天然草地。据估计，全国沙漠化土地每年以1 000万～1 500万公顷的速度扩展。如内蒙古东部和哲里木盟科尔沁草原在20世纪60年代末沙漠化土地仅占该盟面积的14.3%，到20世纪70年代中期发展到50.2%；青海省沙化土地从20世纪50年代到20世纪80年代初，由6万千米^{2}发展到8万千米^2，扩大了1/3，年均扩大600千米^2。

根据专家预测，如果继续保持我国现有的土地利用方式，北方沙漠化土地将以平均每年3.5%的速度持续增长。如果考虑到西北大规模的开发可能引发的沙漠化，我国沙漠化的形势的确是严峻的。

3. 中国沙漠化防治工程 土地沙漠化防治包括沙丘固定、防止土壤风蚀和绿化以增加植被3个部分。

许多实践和科学研究表明，沙漠化土地的治理必须以生物工程措施为主。我国2000年以前的沙漠化治理规划目标是以保持和人工扩大林草植被为中心，建立防、治、用有机结合的治沙工程体系。林业部门规划完成造林和种草600万公顷。控制风沙危害面积1 800万公顷，使沙漠和沙漠化土地治理面积由10%提高到30%，并使沙漠化土地扩展速度由目前每年2 100公顷减少到每年1 000公顷；农牧交错地带和半湿润地带基本控制土地沙漠化进程，并使受风沙危害的农田由1 300万公顷减少到600万公顷，在沙区新辟农田40万公顷。为实现上述目标，除广泛开展防沙治沙工作外，国家拟建立9个示范区，如科尔沁、毛乌素等沙地，乌兰布和沙漠及永定河下游风沙地等。

我国政府已建立了“全国治沙工作协调小组”，统一组织和协调全国治沙工作，并制定有一系列优惠政策，旨在促进我国沙地治理及经济发展。

(三)土地次生盐渍化防治

1. 土地次生盐渍化的原因 我国的盐渍化土地主要分布在干旱、半干旱地区和半湿润地区。次生盐渍化主要发生在灌区,由于水闸、渠道、稻田渗漏使其周围地下水位升高至临界深度以上,大量地面蒸发积盐,使其土地发生次生盐渍化。全国有次生盐渍化耕地0.07亿~0.08亿公顷,占实有耕地面积的5%~6%。黄淮海平原过去是土壤次生盐渍化比较严重的地区之一,经过20世纪70年代末以来的多年治理,次生盐渍化明显减轻,面积减少;同样在其他灌区如宁夏河套地区等也取得一定成效。但是,全国次生盐渍化趋势总的来说并没有得到控制,有一些灌区仍在扩大。例如,在内蒙古河套灌区盐渍化土壤面积1958年占耕地面积的14.1%,1965年占30.6%,1972年占56%,1979年占73.8%,每年以1万~1.33万公顷速度发展。新中国成立以来,新疆开垦土地340万公顷,后因土壤次生盐渍化而被迫退耕、弃耕133.33万公顷,占开垦面积的39.2%。青海柴达木盆地在20世纪50年代开垦土地6万公顷,后因次生盐渍化退耕1.87万公顷,占31%。

2. 盐渍化土地的改良 关键措施:首先,降低其地下水位,使之降至临界深度以下。降低地下水位的措施可以是明沟排水,也可以是竖井排水;在地下水矿化度不高的地区可以竖井排水为主。其次,淡化地下水,在降低地下水位的条件下,再淡化地下潜水,特别是东部季风区的半湿润地区的盐渍化,可以采取雨季前大力抽取地下水,降低水位后,待雨季补充浅层潜水。第三,采用平整田面、减少田面的不平衡的蒸发积盐面;同时,采取农业措施培肥土地,增加农田的作物覆盖,以减少田面蒸发积盐。

(四)土地污染防治

1. 土地污染的原因 由于大气粉尘、灌溉超标污水、施用污泥与垃圾、工业废渣堆放及不合理施用农药、化肥等影响,我国农田污染十分严重。目前,因工业"三废"污染的农田约1 000万公顷,较20世纪80年代初期增长了2.5倍。受农药和劣质化肥严重污染的农田有1600万公顷。二者合计已近2667万公顷。包括农田土壤在内的农业环境污染,不仅降低了土地资源的质量,使农业生产遭受损失,并且通过污染农副产品而损害人体健康。

土壤污染物类型有下列4类:①化学污染物。包括无机污染物和有机污染物。前者如汞、镉、铅、砷等重金属,过量的氮、磷植物营养元素以及氧化物和硫化物等;后者如各种化学农药、石油及其降解产物,以及其他各类有机合成产物等。②物理污染物。指来自工厂、矿山的固体废弃物,如尾矿、废石、粉煤灰和工业垃圾等。③生物污染物。指带有各种病菌的城市垃圾和由卫生设施(包括医院)排出的废水、废物以及厩肥等。④放射性污染物。主要存在于核原料开采和大气层核爆炸地区,以锶和铯等在土壤中生存期长的放射性元素为主。

污染物进入土壤的途径主要有:①污水灌溉。用未经处理或未达到排放标准的工业污水灌溉农田是污染物进入土壤的主要途径,其后果是在灌溉渠系两侧形成污染带。属封闭式局限性污染。②酸雨和降尘。工业排放的二氧化硫、一氧化氮等有害气体在大气中发生反应而形成酸雨,以自然降雨形式进入土壤,引起土壤酸化。冶金工业烟囱排放的金属氧化物粉尘,则在重力作用下以降尘形式进入土壤,形成以排污工厂为中心、半径为2～3千米范围的点状污染。③汽车尾气。汽油中添加的防爆剂四乙基铅随废气排出污染土壤,行车频率高的公路两侧常形成明显的铅污染带。④向土壤倾倒固体废弃物。堆积场所土壤直接受到污染,自然条件下的二次扩散会形成更大范围的污染。⑤过量施用农药、化肥。首先是随着工业化发展,工业排放的有毒有害废气、废水和废渣进入土壤的数量逐年增加,受污染的土地面积逐年扩大,据统计资料,1985年全国受污染土地达580万公顷,主要集中在大城市附近。截至1985年,历年工业废渣堆积总量约54.6亿吨,占用土地面积5.6万公顷，其中农田0.67万公顷。其次是全国每年施用化肥4 000多万吨，农药50多万吨，因使用不合理，利用率低，大部分分散在土壤、水体和大气中，直接或间接污染土地，进而使动、植物和各种农畜产品中有毒物质积累，破坏食物链甚至整个生态系统。

2. 土地污染防治 “一要吃饭，二要建设，三要保护环境”是我国土地利用的基本方针。土地污染最突出的特点是污染容易治理难，因此，防治土地污染必须“以防为主”严格控制和消除污染源，不能走先污染后治理的途径。其防治的重点是减少由农药、化肥、污灌水和固体废弃物等带给土地的有毒物质的数量，减少毒素的再循环。

(1)土地污染调查与动态监测　开展土地污染的调查与监测，制定土地污染标准是评价土地质量、防止污染发生和发展的一项基础工作。土地污染调查是指区域土壤污染状况调查和污染程度的分级评价。土地污染的监测和预防在环境保护中占有重要地位，即在代表性区域里定期采样或在条件许可时，在固定点安置监测仪器进行化学、物理的和生物学测定，以观察污染状况的动态变化规律。

(2)制定“三废”排放的标准　主要是改进工艺流程、控制和消除工矿业“三废”排放，尽可能减少或消除污染物质来源。必须排放的“三废”要进行净化处理，进行回收综合利用，变废为宝，使之符合国家的排放标准。对于污水检测必须谨慎，在利用前必须测定废水中的有害物质和浓度，避免污灌引起污染。

(3)控制化学农药和化肥的使用　要合理使用化学农药，发展高效低毒低残留的农药新品种，提倡推广生物防治和综合防治病虫害的新措施，化肥的使用必须实行平衡配方施肥方法，提高化肥的利用率。

第二节　基本农田保护与耕地质量管理

一、基本农田保护的战略意义

目前，全国耕地面积已从1995年的13 007万公顷减少到2008年的12 173万公顷，人均耕地更是只有0.093公顷，不到世界平均水平的40%。“人增地减”已成为我国现代化进程中最突出的矛盾。预计到2020年中国人口将达15亿，城镇化水平接近50%，城镇人口在7亿以上，而耕地将减少至1.2亿公顷；2050年中国经济将达到中等发达国家水平，人口为16亿，城镇化水平60%以上，耕地将进一步减少至1.13亿公顷，此后将逐步稳定。因此，有关研究认为，2000年我国基本农田保护目标应该达到1.2亿公顷的规模；而且与此同时还必须采取各种开源节流措施，如土地整理、复垦、宜农荒地开发等，才可以基本维持到2020年的耕地总量平衡，而后逐步稳定到2050年。这就是我国基本农田保护的战略目标。

同时，近年来，我国部分耕地质量降低，在农业科技没有重大突破的情况下，粮食单产持续提高难度加大。在现有耕地中，高产稳产田只占不到1/3，而中低产田却在2/3以上。同时由于环境污染、水土流失等原因，耕地的总体质量还在不断下降。此外，随着国民经济持续高速增长，各项建设占用耕地的问题越来越突出，而且往往占用的是城市周围的优质耕地，造成优良耕地的面积不断减少。

因此，严格控制耕地占用，对我们赖以生存的基本农田保质保量地给予特殊保护，是当前一项十分紧迫、至关重要的任务。新中国成立以来，我国虽然重视基本农田保护，但基于我国目前人口的不断增长和耕地数量迅速减少，以及人地矛盾日益紧张的状况，必须落实“十分珍惜和合理利用每一寸土地，切实保护耕地”的基本国策。

二、基本农田保护区规划

(一)基本农田保护的内涵

所谓基本农田是指从战略高度出发，为了满足国民经济持续稳定的发展，保证一定规划期内人口增长对农产品的基本需求，而必须确保的农田。基本农田是一个国家或地区在一定时期内耕地的临界状况，低于这个临界点，预定的食物总产量就不能实现，人民基本生活水平就要下降，国民经济建设就无法协调发展。基本农田属于农业自然资源合理配置的范畴，它反映人口、粮食、耕地、环境及社会经济相互协调的平衡关系，它不等于高产稳产田。高产稳产田仅反映耕地的生产力水平和质量状况，大部分高产稳产田应划入基本农田，但基本农田还可以包括部分为保证达到某个食物总产要求所必需的中产田甚至低产田；反之，有小部分高产稳产农田出于特殊原因，还可能转用为建设用地或其他土地。

对于不同自然条件、人口和社会经济情况的地区来说，基本农田的含义是有所不同的。首先，对于农产品调出地区来说基本农田是指保证规划期内当地人口对农产品的基本需求和完成国家订购计划所需的农田；其次，对农产品自给自足地区，基本农田即是保证规划期内当地人口对农产品基本需求所必需的农田；再次，对于农产品调入地区而言，基本农田是在考虑规划期农产品可能调入量的基础上，本地区解决当地人口对农产品需求所必需的农田。

从对基本农田的含义分析来看，基本农田保护的对象的确定主要就是依据农产品的供需状况，以及各类农产品对社会所起的作用而定。对全国而言，主要是保护耕地或优质农耕地，尤其是大中城市郊区和铁路、公路干线两侧的优质农耕地。对粮食调出或耕地相对较多的省份来说，主要保护商品粮基地或高产粮田区；对以名、特、优产品为重要经济收入的地区，除了保护粮田外，名、特、优产品基地也应列入保护对象；对人多地少矛盾突出的省份，主要是保护耕地。随着社会经济的发展，人们对农产品的基本需求也在发生变化，因此基本农田的含义和保护对象也会随之变化。

当然，对基本农田保护对象的划定不仅仅是一个面积控制的问题，完整的基本农田保护工作应包括数量保护与质量保护两个方面。在确定合理的保护目标时，必须考虑两者的统一性和互补性。

（二）基本农田保护区规划

基本农田保护区，是指国家及各级地方政府根据自然、社会和经济条件，按照对人口、农产品生产水平、建设用地发展趋势的预测，对需要实行特殊保护的耕地依照法定程序划定的区域。划入基本农田保护区内的耕地就是基本农田。

基本农田保护规划应在区域土地利用总体规划的基础上进行，基本农田保护区规划的目的就是通过划定基本农田区来实现农用地的农业利用与非农业利用之间的协调关系，严格控制非农业占用耕地的规模和速度，保障土地利用以满足"一要吃饭，二要建设"的长远目标。因此，它从自然、社会和经济条件出发，提出本地区规划年内的农产品需求量、耕地需求量及各类建设用地数量，确定基本农田保护目标，采用规划区的形式，对耕地进行定量、定位、定时、定质，并运用行政、法律和经济的手段，把基本农田保护起来。

基本农田保护规划的工作主要包括以下4个内容。

第一，规划变量分析。主要包括人口规模的分析预测、粮食及其他基本农产品的总需求量分析、规划期耕地需求量预测、耕地后备资源开发潜力分析、建设用地对耕地需求量的预测以及由于农业结构调整和灾害毁坏各种农田对耕地的减少等预测分析等。

第二，耕地需求和供给的综合平衡，确定基本农田数量控制指标。

第三,根据保护数控制目标。逐级落实基本农田保护对象,进行划区定界工作,划区定界一般以乡(镇)为单位进行。

第四,规划后的管理与监督工作。

三、基本农田保护区的耕地质量管理

基本农田保护的另一重要方面是对基本农田保护区内的耕地进行质量管理。相对于耕地数量上的保护和控制而言,耕地质量的保护与管理工作目前还远没有引起人们的足够重视。而耕地质量则是决定土地生产力的物质基础,它包括耕地地力状况和耕地环境状况,即"耕地总体质量=耕地地力水平+耕地环境质量"。

由于受众多自然与人为因素的影响,我国耕地质量从总体上来说是明显偏低的。据农业部门统计,全国约有一半以上的农田处于贫瘠状态,在现有耕地中,土地较为平整、土层深厚、水分供排良好、土壤肥沃且无明显障碍因素的高产稳产农田不足耕地总面积的1/4。出现耕地质量总体下降的主要原因有3个方面:①由于受某些社会与经济因素(如土地制度、投入产出等)的影响,在耕地利用过程中缺乏对耕地的有效保护措施,甚至存在着破坏耕地资源的行为,致使耕地质量退化严重,包括耕地土壤贫瘠化、土壤性质恶化、水土流失、沙化、次生盐碱化等;②各种工矿企业的"三废"、城市垃圾、过量的农药化肥等造成耕地环境污染严重;③新增耕地质量远远低于被占用的耕地质量。

基于上述原因,今后我国的耕地保护工作必须全面实施数量与质量保护同等重要的战略。首先,应进一步完善土地利用的有关法律、法规和条例,将耕地质量保护作为一项战略任务纳入到土地管理的法规体系中去;其次,要在目前中国的耕地统计分析体系中增加耕地质量指标的内容,建立并完善我国耕地质量的动态监测系统,从而有效地掌握我国耕地变化的数量和质量状况,为基本农田保护工作的顺利实施提供科学依据。

就目前而言,我国耕地质量管理的主要内容包括如下几项内容。

(一)耕地地力分等定级

所谓耕地地力是指耕地用于农作物栽培使用时,在一定时期内单位面积耕地的物质生产能力。影响耕地物质生产能力的因素很多,如气候条件、土壤条件、地学条件、人为影响因素等。耕地地力分等定级就是依据这些因素的不同组合状况按照一定的评价方法将基本农田保护区内的耕地划分成不同的等级。耕地地力分等定级是实施基本农田保护区内耕地质量管理的基本依据,它为监督保持和培肥地力提供具体的标准。

耕地地力分等定级的评价方法目前主要有 2 种方法。

1. 全国土壤肥料总站试行的地力分等定级方法 该方法主要是通过对耕地土壤取样分析,获得土壤的物理、化学、生物各要素的性状反映值,结合地形、灌溉条件、耕作措施以及产量水平等综合状况,对耕地地力做出有科学依据的定量判断。具体的划分标准是:将全国耕地按产量(采用当地典型种植模式,全年粮食单产大于 100～900 千克,级差为 100 千克)和有关的土壤理化性状(有机质、全氮、有效磷、速效钾、pH 值、阳离子交换量等),划分出 10 个等级。由于我国地域辽阔,地形、土壤类型复杂,种植制度多样化,依据农业土壤类型、地形、土地利用方式等因素,将全国划分为 7 个区,分别编制出各大区的耕地地力等级分等指标。各地可参照这个标准,一般以县为单位,因地制宜地确定耕地分等定级的具体方案及实施细则,在基本农田规划的实施、耕地有偿使用和地力升降等方面提供定量化依据。

2. 国土资源部于 2000 年开始试行的农地分等定级方法 2001 年 3 月国家颁布了《农用地分等定级规程(国土资源大调查专用)》对我国的农用地分等定级工作进行了统一规范。

(二)耕地地力监测与退化防治

1. 耕地地力监测体系 耕地地力监测是指对影响耕地物质生产能力的因素以及农作物的物质生产量进行定时定点的测定，农业部门已建立了耕地地力与施肥效益长期定位监测网点。耕地地力的影响因素包括气候、土壤、地质和人为干预4个大类，由前3项自然因素所决定的地力可称之为耕地的基础地力。如果人为因素正确使用，耕地的现实地力一般要高于其基础地力；反之，不正确的人为因素使用(如过量灌溉、过量施肥等)则会导致耕地地力的退化。

考虑到各种地力因素的变化特征、监测周期和监测手段的不同，耕地地力监测体系中一般将耕地基础地力监测、耕地作物产量监测和人为因素监测分别进行。又由于土壤养分的变化与施肥密切相关，将土壤养分监测与人为因素监测同时开展，即耕地土壤肥力监测；而将农田水利、灌溉等具有基础性特征的人为因素划入耕地基础地力监测项目。

因此，耕地基础地力监测的主要内容包括：气候因素、地学因素中的所有项目；土壤因素中除土壤养分状况以外的所有项目；以及人为因素中的农田水利设施保证状况。耕地作物产量监测的主要内容包括：全生物量(不包括地下部分，块根类作物除外)和经济产量。耕地土壤肥力监测主要是对土壤养分状况和各种肥料使用量及其增产效果的监测。

2. 耕地地力退化防治 耕地地力退化的类型主要有耕地水土流失、耕地次生盐碱化、耕地沙化、耕地贫瘠化等，其中耕地水土流失、耕地次生盐碱化和耕地沙化的防治与一般土地上的退化防治方法基本相似。耕地贫瘠化则是指耕地土壤中的养分总量及有效性不断降低的过程，主要防治措施就是增加化肥和有机肥料的投入量，并实行配方施肥，实现地力平衡。

3. 耕地环境质量监测与保护管理 耕地环境是指影响耕地

生产能力的各种自然因素的总体，包括基本农田保护区内的大气、水、土壤和野生生物等。耕地环境质量主要是针对上述环境因素是否被污染、污染的程度、污染的范围而言，它的优劣直接影响到基本农田保护区内耕地的农产品质量。因此，必须根据其环境污染的状况进行监测与评价。

耕地环境质量监测的对象可分为2类，一类是按耕地环境要素的类别差异，其对象有大气、土壤和农产品；另一类是为了防止耕地环境的污染，在农业生产活动中向耕地投入的农用水、化肥、农药、地膜、微生物肥料、农家肥、城市垃圾、污泥等。因此，耕地环境质量监测的任务就是，将对各个对象的监测结果与国家颁布的有关耕地环境标准进行对比分析，进而判断基本农田保护区内耕地环境是否被污染以及污染的类别、程度和范围，定期提交耕地环境监测评价报告。

耕地环境质量监测是一项关系到人们生活切身利益的事情，因此必须建立耕地环境保护管理制度，具体应包括设置环境保护管理机构、耕地环境监测和评价制度、耕地环境污染事故查处制度、建设项目"环境影响报告书"的审核制度、耕地环境保护检查制度，以及耕地环境保护行政首长负责制度等。

第三节 土地整理

一、土地整理的基本内涵

(一)土地整理的概念

土地整理是指在一定区域内，根据土地利用总体规划与土地整理专项规划，对田、水、路、林、村等实行综合整治，调整土地关系，改善土地利用结构和生产生活条件，增加可利用土地面积和有效耕地面积，提高土地利用率和产出率的活动。

一般的说,土地整理的概念要从2个方面来认识。

第一,土地整理的内容。就土地利用方式而言,可分为农业(含农林牧渔业)用地和非农业用地2大类。根据我国国情,现阶段土地整理的重点在农村地区。土地整理的主要内容包括:调整农地结构,归并零散地块;平整土地,改良土壤;道路、林网、沟渠等综合建设;归并农村居民点、乡镇工业用地等;复垦废弃土地;划定地界,确定权属;改善环境,维护生态平衡。

从土地整理的任务来说,应当包括2个方面:一是对无序混乱或不合理的土地利用现状进行整理,提高土地利用率和生产能力;二是由于种种原因造成土地权限混乱或者分配上的不合理,通过整理对土地权限进行调整。

第二,土地整理的目的。土地整理的目的不尽一致,有的因为相邻单位地块交错导致权责不清,需要进行整理;有的城镇土地利用布局不合理,旧城改造需要进行土地整理;有的村庄内部闲散宅基地挖潜需要进行土地整理;有的对未利用土地的开发进行土地整理;有的对低产田的改造进行土地整理等。

因此,归纳起来讲,土地整理的基本内涵是:在一定区域内,按照土地利用目标和用途,采取行政、经济、法律和工程技术手段,对土地利用状况进行调整改造、综合整治,提高土地利用率和产出率,改善生产、生活条件和生态环境的过程。

土地整理也可简单地理解为对土地利用状态的重新组织,这种组织是为了使土地利用方式、强度和结构适应特定发展时期的特定目标,也符合土地长期持续利用的目标。土地利用的方式、强度和结构与一定的社会经济结构紧密相连,这种土地利用状态是动态发展的。随着经济社会环境的变化,土地使用者的意愿、价值观、经济能力和水平也会发生一定的变化,因而,在力求高效利用土地的前提下,必然要对土地利用状况作合理的组织和调整,以促进土地的高效合理利用。从这一角度来看,土地整理其实就是协调现实土地利用状态与土地利用目标之间的关系而采取的一种措施或手段，是经济社会发展到一定阶段解决土地利用问题的必然选择。

(二)我国土地整理的现实意义

我国新颁布的《土地管理法》明确规定："国家鼓励土地整理。"推进土地整理、实现集约用地，充分体现了对土地资源从数量管理向数量和质量并重管理的转变，从纯经济管理向生态和经济管理并重的转变。目前，我国村庄建设用地的容积率普遍较低，而且近年来弃旧房、择新址建新房现象较为普遍，随着未来城镇化和工业化水平的不断提高，人口具有向城镇或中心村聚集的趋势，势必导致边远或零星村庄人均用地增大，甚至形成大量的"空心村"。故通过村镇建设用地的整理，逐步归并"空心村"或零星村，可增加部分耕地。此外，随着农业规模化、集约化和现代化的进程，通过对现有坡度小于6°的耕地结合农田基本建设进行整理，平整农田，改造沟、塘、渠、路、埂，开垦边角闲置或零星地块等亦可增加部分耕地。开展土地整理的目的在于提高土地利用率，增加耕地面积，这对人多耕地少、后备耕地资源不足的我国而言，具有十分重要的现实意义，具体表现在以下几方面。

1. 推进土地整理是我国土地国情的客观要求 我国人多地少，耕地总体质量差，产出水平低，土地后备资源不足；随着我国人口的不断增长和经济的快速发展，尤其是通过加大基本建设投资来拉动国民经济增长，公路、铁路、水利建设占用耕地的量很大，用地需求日益增大；再加上要对过度开垦的耕地有计划、有步骤地退耕还林、还牧、还湖，人地矛盾将更加尖锐。这一土地国情和客观现实，决定了我们必须实行世界上最严格的土地管理制度，必须走推进土地整理、集约用地的道路。

2. 推进土地整理是实现耕地总量动态平衡的主要途径 实现耕地总量动态平衡作为土地管理的首选政策目标，已通过国家法律的形式确定下来。新《土地管理法》明确规定:“省、自治区、直辖市人民政府应当严格执行土地利用总体规划和土地利用年度计划,采取措施,确保本行政区域内耕地总量不减少。”目前我国补充耕地的主要途径有2条:一是对宜农后备土地资源的开发,二是土地整理。我国宜农后备土地资源质量普遍较差,又多处生态环境脆弱区,开发容易引起土地退化,甚至引起灾害。因此,今后我国增加耕地的主要途径只能依靠对已利用土地特别是农地的整理。

3. 推进土地整理是促进社会经济发展的动力　土地整理在农村能增加有效耕地面积;可以提高耕地质量,增加土地产出;可以改善农业生产条件,便于机械化耕作、水利灌溉和规模经营;可以有效降低农业生产成本;有利于改变农村脏、乱、差的环境,提高农民居住水平和生活质量;同时又能改善生态环境。

总之,在21世纪人地矛盾将会日益加剧,为解决土地供给的稀缺,促进经济和社会的可持续发展,积极开展以提高土地的利用率和产出率,改善生产、生活条件和生态环境为目的的土地整理将是现代土地资源管理工作的一项重要内容。

(三)国内外土地整理的经验

1. 德国的土地整理　在19世纪及以前时期,德国土地整理主要内容是针对农地分散、零碎,实施集中化,以改善农业生产经营条件。20世纪30年代,结合基础设施和公共事业开展土地整理。到20世纪70年代,德国土地整理的内容又增加了景观和环境保护,通过土地整理追求经济、社会、环境效益的统一和协调。土地整理不仅要制定设计,而且要保证其实施且产生效益;不仅涉及土地利用,而且要重新调整地产。因此,只要对土地所有者有利,土地整理机关认为必要,就可以布置土地整理工作。

2. 俄罗斯的土地整理　俄罗斯的土地整理是指用以组织土地这一生产资料的一整套的国家措施,其主要任务是调整土地关系,组织土地利用和管理土地资源。具体包括:建立和完善土地占有和土地使用制度;开展企业内(包括国营农场和集体农庄内部)、农业生产合作社、农民家庭和从事农业生产的其他企业内的土地整理;实施土地占有、土地使用、土地租赁和经营的各种形式和措施;确定城市、城镇和农村居民点的用地界线;论证各项水利工程和自然保护设施的建设和相应的投资计划;为合理利用土地创造良好的空间条件;制定自然景观的保护和改善、土地复垦、低产土地改良、防治水土流失、盐渍化和沼泽化、防治土地污染等各项技术措施体系;制定土地调整、田块整理、田间沟渠和护田林带、轮作田区和轮牧田区、田间道路等设计方案并加以实施。

3. 我国土地整理的简要历史 可以说我国是世界上开展土地整理最早的国家,从公元前 1066 年的西周时期的井田制以及后来的秦汉屯田制、西晋占田制、北魏隋唐均田制等,直到目前我国劳动人民对土地的开发整理就从未间断过。新中国建立初期,以实现"耕者有其田"为主要目的,进行土地权属变更,将地主的田分给贫下中农;20 世纪 50 年代后期的人民公社化,土地收归集体,为实现"一大二公"的思想,土地整理则通过"一平二调",又以变更土地权属关系为主要内容,进行土地调整;20 世纪 70 年代,以全国农业学大寨为目标,土地整理则以平整土地、合并田块、兴建新村、整修沟渠和道路等基本农田建设为主,进行土地调整;20 世纪 80 年代,土地整理以推行农村联产承包责任制及兴办乡镇企业为主线,土地利用方式和用地结构都发生了巨大的变化;20 世纪 90 年代,由于国民经济迅猛发展、耕地锐减,土地整理开始转到以编制土地利用具体规划来大力挖掘土地利用潜力,增加耕地面积,提高耕地质量为主要方向进行了土地调整。

除此以外,我国台湾地区把土地整理称为土地重划。其主要内容包括:调整地块的高低、大小和形状以及分布状况,改善交通、水利和其他环境条件,划定各区土地和各种利用方式的土地范围。具体操作分为市地重划和农地重划,分别于 1979 年和 1980 年颁布《市地重划实施办法》和《农地重划条例》。市地重划的功能是使都市土地使用与都市计划实施密切配合，以加速都市建设发展；消除土地奇零不整现象，提高土地利用价值；减少公共设施用地取得的困难，将公共设施预留地化为大众负担；道路、沟渠、市场、公园、广场等与社会生活直接相关的公共建设可提前开辟，以地区财力完成地区建设，减轻居民负担；利用抵费地兴建居民住宅等。农地重划的功能是使农户田块集合成片，便于集中管理，减少田块之间往返所费时间和劳动力；使农场房屋集中，减少田界用地，压缩非耕种土地，增加生产面积；对农场道路做系统调整，以便利交通，加速周转产品；修筑合理的排水系统，做到田块排灌畅通；规定农场的最小面积，以防止再度分裂；调整田块的大小与形状，以利于田间机械作业；实施各项土地改良措施，以提高土地产出率等。

二、现阶段我国土地整理的主要任务和内容

(一)土地整理的主要任务

如前所述，土地整理的根本目的是形成合理、高效、集约的土地利用结构，提高土地利用效率，适应社会经济发展对土地的需求。在这一根本目标的框架内，不同的发展时期，可分解出多层次的任务。从现阶段社会经济发展对土地的需求来看，土地整理有以下几方面的任务。

1. 增加耕地面积，提高土地利用率 在挖掘现有土地利用潜力的前提下，通过土地整理的多种方法和手段来增加有效耕地面积，以弥补建设对耕地的占用，促进耕地总量动态平衡目标的实现。

提高土地利用率是现阶段土地整理的主要任务。对已投入使用的土地，借助土地整理要把非生产性用地、间接生产地和辅助建筑用地的面积压缩到最低限度，重点保证直接的生产用地和建筑用地。对未利用土地和建设中的废弃地，要进行整理开发和复垦

利用，最终目的是最大限度地提高土地利用率。

提高土地利用率方面的土地整理措施有田块整理、道路建设、村庄更新、土地保护、沟渠调整、景观维护、土地复垦、地价评估、地籍整理、土地登记等。

2. 调整土地关系，使土地关系适应土地生产力提高的要求

按照社会生产力发展的要求，对土地利用中产生的人与地及人与人的关系予以调整和适度组织重配，使人们更有序和更理性地对土地进行开发、利用和保护。调整土地关系的土地整理措施包括建立和完善现有土地占有和使用制度，为各种土地占有和使用方式整理土地包括土地划界和调整、估算地租、地价和地税以及土地补偿损失等。

在当前农村集体土地产权不明晰的情况下，土地整理涉及必须明确立地所有权、使用权主体；在土地整理不断发展、深化后，不可避免地要打破一些权限界线，如何调整土地所有权以及土地使用权，处理土地使用权调整与承包经营权的衔接，都是重大问题。另外，土地整理涉及的税收政策、户籍制度等也是需深入研究和解决的问题。

家庭联产承包责任制无疑是现阶段中国农村经济改革中最根本、最有成效的政策之一。但是，对不少地区而言，由于每个农村人口都有权得到一块口粮田，每个劳力也可分到一块责任田，因此随着农村人口不断增加，有限的耕地越分越细（有的地方按优劣地搭配均分，使地块更为碎小），加上土地承包期一般在 30 年左右，使土地适时集中和规模经营变得十分困难。为此，可考虑采取一定措施进行土地使用权的重新调整，如制定鼓励农户合营、创办农场或其他集约化经营形式的优惠政策；对撂荒 1 年以上、又不履行承包合同的，应由村集体收回耕地交由种田能手或农场耕种；对进入乡镇企业工作 3 年以上的农村劳力在自愿的基础上可考虑部分或全部收回责任田等。

3. 扩大综合生产能力，提高土地产出率 土地整理的又一重要任务是深层次利用土地，增加土地产出率（含产量、产值、纯收入、建筑容积率、建筑密度、国民收入的增加等），通过土地利用方式、强度的调整，改善土地生产、生态条件，保持和提高土地再生产的能力，以持续获得人们生产和生活需要的产品。

在不扩大土地面积的前提下，增加土地产出率意味着对土地的集约利用，如1公顷耕地收获量相当于以前2公顷的产量。为实现土地集约利用，必须在土地利用过程中将单位面积土地与更多的资金和劳动数量结合在一起，常用土地集约度指标来加以衡量。其公式为：

$$f=b/a$$

式中：b为资金或劳动投入量，a为土地投入量。

增加土地产出率方面的土地整理措施有低产地改良、废弃地复垦、水源灌溉效率的提高、肥土回填（即将作为建设用地的耕地表土层取出回填于低产地之上的措施）、农作物轮作组织、牧草地轮牧组织、土地保护（防风、防旱、防沙、防盐渍化、防沼泽化等）土地绿化，在建筑用地上提高建筑密度和容积率等。

4. 实现土地资源的景观功能 从可持续发展的角度来看，土地整理不仅仅从经济效益上考虑，还要从社会效益、生态效益考虑。景观功能是物质文明和精神文明的必然要求，其社会效益和生态效益明显。实现土地资源的景观功能的土地整理措施是进行景观规划与设计，包括对居民点内部功能分区和内部规划设计，交通运输网的规划设计，水利工程项目的规划设计，各种农用地（耕地、林地、园地、牧地、水面）内部详细专项规划设计，以及生态环境规划与建设。

5. 提高全社会的现代化水平 土地整理是按照现代化的生产要求进行的一种资源再配置过程，反过来又可以为现代化建设提供广阔的土地资源空间。我国的实践已经证明，无论是农地整理还是城市土地整理，都能为现代化建设创造条件，都是现代化建设必不可少的内容。

全社会的现代化水平如何，很大程度上要看广大农村地区的现代化进程，农村的城镇化正是农村现代化的主要标志。土地整理的重要任务之一是规范、引导农村居民向中心村、镇集中，这一集中过程也是农村城镇化的过程。

（二）土地整理的内容

土地整理的内容是随着一个国家经济、社会的发展而不断变化的。土地整理包括农地整理和非农地整理。根据我国国情，现阶段土地整理一般指农村地区土地整理，是指在一定区域内，依据土地利用总体规划，采取行政、经济、法律和技术手段，对田、水、路、林、村等综合整治，调整土地关系，改善土地利用结构和生产、生活条件，增加可利用土地面积，提高土地利用率和产出率。

农地整理是当前和今后相当长一段时期土地整理的主要方面。它的特点是，以增加有效耕地面积并提高耕地质量为中心，通过对田、水、路、林、村及乡镇企业实行综合整治开发，改善农业生产条件、居住环境及生态环境。农地整理包括以下主要内容。

1. 调整农地结构，归并零散地块　此项整理又称为田、土、埂的归并整理，重点是把细碎、零散的地块集中起来（山区除外），便于规模化经营和机械化作业。目前，这种做法还主要集中在经济较发达的平原地区，如浙江一些地方成立了"土地流转托管站"，通过解决撂荒者与种田大户之间的土地流转问题，进行土地整合。这项工作还有待于我国土地转包制度、土地集约化、农业产业化等政策的进一步变革。

2. 农田整治及道路、沟渠等基本建设　按照土地利用规划，对沟渠、林网、路网等进行规则化整理，以提高土地利用效率。如兴建或改造沟渠，建立或健全节水、节地并且高效的排灌系统，建立农田防护林带，清除耕地中的坟头，填平农田中的废坑塘以及平整土地等。

3. 农地改造 它以提高耕地质量为主要目的，如改造中低产田、改造盐碱地、提高土壤肥力、坡地改为梯田等。我国中低产田占耕地总量的2/3左右。因此，改良土壤，进行中低产田的改造，在任何时期都应是土地整理的重点。

4. 复垦废弃土地、开发宜农荒地 复垦废弃土地主要指农村撂荒土地的整理复垦。农村耕地撂荒主要是和社会经济发展相伴随出现的，只要国家相应地制定出符合经济发展的土地政策，并对其他社会政策做出相应变革，问题即可得以解决。

宜农荒地开发主要是开发利用滩涂、水域、荒草地等，以替换占用良田的园田、鱼池、牧草地，从而保持和增加耕地面积。

5. 农村建设用地整理 它包括村庄的治理，如治理“空心村”，充分利用村内空闲地与空宅，缩并零散的小村落到中心村或集镇，增设公共、公益设施等。也包括乡镇企业用地的整理，如关、停污染的工矿企业，对效益不高、长期扭亏无望的企业实行转产或技术改造，把零散分布并占用耕地或宜农的企业迁入统一规划划定的工业园区，缩小乡镇企业用地规模等。还包括工矿废弃地、废砖窑的复垦还田等。另外，还有水利、交通工程建设中占压废地的土地整理。

6. 划定地界，确定权属 按照土地利用总体规划确定的土地用途进行整理。坚决制止多占、乱占耕地的行为，对铁路沿线、公路国道、省道两侧的耕地也必须整理。

7. 改善环境，维护生态平衡 主要指对水土流失区域进行的水土保持治理、小流域综合治理，如山体的绿化、陡坡地的退耕还林等。

8. 建设用地的整理 对城镇而言，土地整理主要是立足于内部挖潜，集约利用土地，充分利用建成区内的闲散地，并对已被利用的土地结合产业结构调整和提高城市功能的需要，在用途、布局与产出率方面重新进行优化配置，从而全面提高城市载体功能，并改善城市环境。

此外，交通、工矿用地整理也是重要的方面。

土地整理是人类在土地利用中不断建设、不断整治土地的过程。世界上许多国家都在积极推进这一项经济、社会建设的基础性工作。土地整理也是实施土地利用规划的重要手段，它的内涵和外延都十分丰富，不同的国家在不同历史时期，对其有不同的要求。

现阶段我国土地整理包含了以往进行的土地平整、农田水利基本建设、低产田改造，但又不等同于土地平整、农田水利基本建设、低产田改造，其内涵更加丰富，层次更高。它不是简单地对某一地块采取单项的生物和工程措施，而是按照经济社会发展的要求，在尊重自然规律、尊重原有产权和农民意愿、尊重市场经济规律的前提下，按照土地利用总体规划重新安排河山，建设美丽家园的一个综合性的事业。我们现在所从事的土地整理是社会经济发展到一定阶段，对土地利用在深度、广度和空间上配置方式提出的新的要求，是建立在社会主义市场经济基础上的，是经济体制和经济增长方式转变的客观要求，是落实土地基本国策，实现土地资源继续利用的必然选择。

三、土地整理规划及其工作程序

土地整理的一般规划程序包括：资料调查与分析、确定土地整理单元、编制土地整理规划方案、土地整理规划方案的报批、土地整理的组织实施及保障措施和最后的土地整理的检查验收6个方面内容。

(一)基础资料的调查和分析

在广泛收集当地自然、社会、经济和土地资源等资料的基础上，开展农村土地利用、工矿企业用地以及村镇建设用地调查，摸清并掌握以下几方面的详细资料：①可整理的农田（坡度≤60）数量、分布及其整理方向；②污染的工矿企业、效益不高或长期亏损的企业、占用耕地兴建且呈零星分布的小工矿企业以及工矿废弃地和废砖窑等的数量及其分布；③“空心村”、村镇内部的空闲地和空宅以及零散小村落的数量及其分布等。

（二）确定土地整理单元

在收集掌握上述资料的基础上，对照土地利用总体规划进行分析研究，分析土地整理的潜力。根据土地利用总体规划下达的土地整理控制指标，联系当地社会经济的发展水平以及开展土地整理的资金和技术条件等，确定区域土地整理的阶段性目标和要求，并初选适合开展整理的土地单元及其主攻方向。将初选的土地整理区域与有关单位、个人充分协调，取得支持后，确定开展土地整理的单元，并予以公告。

（三）编制土地整理规划方案

根据国家有关土地整理的方针、政策和法规以及地方人民政府制定的土地整理技术规范和实施办法，遵循土地整理规划的上述原则，联系不同土地整理单元的具体实际和主攻方向，因地制宜地编制土地整理规划方案，内容包括土地整理专项规划设计、土地整理配置方案和土地整理资金预算方案等。根据区域土地单元的具体实际，采用以下不同的土地整理模式。

1. 村土地利用的“三个集中”模式　即居住向城镇和中心村集中，工业向园区集中，农地向规模经营集中。

2. 农地整理模式　即结合农田基本建设，归并田块，兴建或改造田间路、沟、渠和埂等；建立或健全节水、节地、高效的排灌系统；建立农田防护林带；清除耕地中的坟墓；填平农田中小坑塘或废坑塘以及平整土地等，提高土地生产率和利用率。

3. 村庄整理模式　即通过迁村并点，改造村镇，填实“空心村”，充分利用村庄土地资源，并在调整中增加耕地。

土地整理规划方案编制后，应广泛征求土地整理参与者的意见、方案进行修改完善。

(四)土地整理规划方案的报批并对规划

土地整理规划方案编制完成后，将规划方案报上级土地管理部门审批。依据法律、法规或政策性规定，通过一定的法律程序，审查土地整理规划设计，经批准并向社会公布后才能准许其实施。

(五)土地整理的组织实施及保障措施

按照批准的土地整理规划和设计，落实土地整理资金，动员一定的人力和物力，按计划开展土地整理活动，通过调查和测量确定土地权属，进行工程建设，经土地评估并重新配置后，进行土地登记发证。

为了使土地整理规划的顺利实施，必须有一定的保障措施。首先，必须制定相应的土地整理的法律、法规，从土地整理的内容、目标、程序、规划设计、资金来源和处罚办法各方面加以明确规定，以法律、法规的形式，解决农村集体土地所有权、国有土地所有权、土地承包经营权等土地置换问题；解决归并居民点、工矿企业过程中的耕地重新配置的政策问题。其次，应对现有耕地、村庄用地、工矿用地、工程建设占压废地等不同类型的土地整理，制定一套相应的技术规范和技术标准。最后，还要通过多种渠道，广泛筹集土地整理资金。由于土地整理是从国家利益、长远和整体利益出发，故土地整理的资金主要来源于国家和集体，国家应从土地收益中的出让金、增值税、菜田建设基金和就地造地费等方面提取一定比例资金设立土地整理专项基金。此外，要鼓励集体经济组织投资，鼓励个人投工投劳。通过国家、集体、个人3方面共同努力筹集土地整理资金，有条件的地方还可以采取股份合作、中外合作等方式，广开资金筹集渠道。

(六)土地整理的检查验收

在土地整理任务完成并达到预定目标后应及时开展地籍更

新、资料汇总和归档等工作，撰写土地整理报告，报上级土地管理部门进行审查验收。检查验收的标准主要有：①通过土地整理，是否提高了人们珍惜、保护土地和合理利用土地的意识；②是否改善了土地环境的质量，尤其是检查是否可控制城镇规模并增加耕地的有效面积，提高了耕地的质量；③是否有利于经济的发展和产业结构的优化；④是否有利于防治环境污染，改善居住和生态环境；⑤是否有利于保护区域特色，发挥区域资源优势；⑥是否提高了土地利用率和产出率，增加农民的收入，提高农民的生活水平。

第四节　农村土地复垦

一、土地复垦的概念及现状

(一)土地复垦的概念

英国矿业与环境委员会将土地复垦定义为将废弃的场地改作某种用途。而美国俄亥俄州将土地复垦定义为恢复采煤影响的土地作林地、草地、农地、娱乐场所、野生动物栖息地或其他高于或相当于采前生产力水平的用途，而采取的回填、平整、土壤重构、植被及其他工作。俄罗斯则将土地复垦解释为恢复被破坏土地的生产效能及以改善环境条件为目标的各项工作之总和。由此可见，各国各地区对土地复垦概念有不同的理解。

在我国，一般认为，广义的土地复垦是指对被破坏或退化土地的再生利用及其生态系统恢复的综合性技术过程。由于采矿业是破坏土地最严重的行业，因此有时狭义地讲“土地复垦”是专指对工矿业用地的再生利用和生态系统的恢复。我国的《土地复垦规定》第2条明确提出：“本规定所称土地复垦，是指对生产建设过程中，因挖损、塌陷、压占等造成破坏的土地，采取整治措施，使其恢复到可供利用状态的活动。”自1989年10月《土地复垦规定》颁布以来，上述定义是得到社会普遍认同的一个概念。

(二)土地复垦的现状

美国和德国是最早开始土地复垦的国家。目前，美国土地复垦研究的重点是露天矿的复垦(特别是煤矿)和采矿废弃地复垦，尤其关注复垦的长期效果和可持续性。德国主要是露天煤矿复垦并且复垦的主要目标为林业和农业用地。英国土地复垦的重点是污染土地的修复和矿山废弃地的复垦。

我国土地复垦工作始于20世纪50年代末，但多处于一种自然状态。1989年国务院颁布的《土地复垦规定》标志着我国土地复垦走上了法制化的轨道。我国土地复垦工作虽起步晚，但发展较快，全国已累计复垦利用各类废弃土地10万公顷，占废弃土地总量的8%左右。复垦的相关法规也在不断完善，建立了一批各种不同类型的土地复垦试点和示范区。淮北、唐山、徐州、平顶山等地也已取得了成功的复垦经验，特别是加强土地部门的监督管理作用，复垦与土地整理和农业综合开发相结合，合理协调农民、企业和政府的关系，强调多方面参与的“参与型复垦”管理模式。

据粗略估计，全国各类矿山、燃煤发电和砖瓦厂的生产建设中所破坏的土地累计已达133万～200万公顷，特别是近几年来，国家和地方的基础建设和大型煤矿基地的建设，破坏面积每年以2万～2.7万公顷的速度增加，由此可见，我国土地复垦的工作是十分艰巨的。

二、土地复垦对象与标准

(一)土地复垦对象

由于煤炭开发、工矿交通建设引起的土地问题主要表现为两个方面：一是占用农业用地，包括工业矿场、堆矸场、灰渣堆放场、露天开采剥离占压土地，以及交通与生活设施等占用地引起的耕地减少、土地污染等问题;二是破坏土地,主要是开矿形成的采空区及其波及的地表变形、塌陷、裂缝,以及由此引起的水土流失、土地质量退化等问题。

(二)土地复垦标准

被破坏或退化的土地经过复垦以后能达到什么样的可利用程度和生态系统恢复标准,这是整个土地复垦工作一个核心问题,也是拟订复垦规划的基本依据。决定土地复垦的标准主要取决于4个方面的因素:一是待复垦土地被破坏的类型及其程度;二是待复垦土地在被破坏前的自然适宜性和生产潜力;三是复垦土地的工程地质条件和应用机械的可能性;四是社会环境条件和经济因素。根据上述4个因素的综合影响,一般有3类不同的复垦标准。

1. 接近破坏前的自然适宜性和土地生产力水平 一般来说,任何一种土地资源被破坏以后,很难使其绝对地恢复成原有的状况,而只能通过尽量地减少由于破坏所造成的后果,使其接近原有的适宜性和生产力。实际上,这是土地复垦所能达到的最高标准。对于人多地少,经济相对发达的地区来讲,只要复垦技术能够可行,都要求达到这一标准,即首先要使破坏土地恢复其原有的第一性生产力。这样,在制定土地复垦标准时,需要分析待复垦土地适宜性和生产力;此外,考虑到破坏前土地的多宜性情况,而复垦后往往使多宜性降低,但又对某一类的适宜性程度却有所增加,故在具体拟定标准时,要考虑复垦对象的地域差异和复垦地的性质差异。

2. 通过复垦改造为具有新适宜性的另一种土地资源 考虑到有些待垦土地的破坏形式和程度,诸如电厂废灰渣堆放地、煤矿场塌陷地等复垦对象,一般很难使其达到前一种复垦标准。往往只能拟定适应所在地环境条件下的新适宜性、新生产力与潜力水平的复垦标准。目前,在国内外,还有一种观点认为,原土地可作为大农业(垦种)用地,由于建设的需要,不是使破坏地复垦,而是改造为其他非农业用地。如在我国徐州淮北矿区，一些塌陷地，经过各种充填，通过建筑物沉降试验，可作为不同标准的建筑用地，从而缓解了煤矿居民生活用地的矛盾。

3. 恢复植被，保持其环境功能　对于某些地区来说，由于经济实力的制约或复垦工程的困难，或者由于破坏土地的区位、工程地质，或应用机械的可能性等条件的限制，或者是一些人少地多的边远地区，土地复垦的目标主要是让其恢复生态系统，减少水土流失，防止土地质量的进一步退化。

三、土地复垦技术体系

土地复垦技术体系主要是指针对被破坏或退化的土地资源采取一系列工程技术措施的总称。一般来说，每一项土地复垦工程都要经过复垦规划、复垦工程实施和复垦后改善与管理这 3 个阶段。复垦规划是复垦工作的准备阶段，决定复垦工程的目标和技术经济的可行性，是后 2 个阶段工作的依据。复垦工程实施是复垦规划付诸实现的工程阶段，其实质是各种土地整治工程，即土木工程措施，其目的是使破坏或退化土地达到可供利用的状态。复垦后的改善与管理阶段旨在采取必要的改良与管理措施（主要是生物工程措施），使复垦的土地达到期望的生产力和效益目标。

（一）土地复垦规划

土地复垦规划就是根据社会经济和自然资源现状，重新确定生产建设中因挖损、塌陷、压占等被破坏土地资源的最佳利用方向，并在空间和时间上进行改造利用的科学安排。土地复垦规划是土地利用总体规划的一部分，属专项规划范畴。土地复垦规划一般包括调研与准备、编制规划方案和确定规划方案 3 个步骤。其中，确定复垦利用方向、制定复垦规划方案和进行投资效益分析是复垦规划编制的主要内容和关键。

1. 确定复垦利用方向　复垦利用方向的选择恰当与否是决

定复垦成败的关键。确定复垦利用方向必须建立在废弃土地资源自然适宜性评价的基础上，根据市场要求、社会承受性、综合效益等，发挥优势，扬长避短，确定其最佳复垦利用方向。

2. 规划方案的制定 规划方案的制订是土地复垦规划的核心内容。在制订规划方案过程中，土地管理部门要会同有关行业主管部门或毁坏土地的工矿企业、单位，在待复垦土地现状调查、土地适宜性评价、土地复垦可行性研究的基础上，经综合协调平衡，提出复垦目标、任务，调整复垦土地利用结构，具体在空间上和时间上安排土地复垦。

3. 土地规划的效益分析 土地复垦过程实际上是一个投资、投工的过程。土地复垦的成功与否，一个重要衡量指标就是投资的经济效益；同时，投资效益的预测又是确定待复垦土地利用方向的一个重要经济因素，也是争取到足够的土地复垦资金的必要条件。所以，土地复垦投资与效益的分析是土地复垦规划编制的一个重要内容。

(二)复垦工程实施

复垦工程实施是复垦规划付诸实现的工程阶段，其实质是各种土地整治工程，即土木工程措施，其目的是使破坏或退化土地达到可供利用的状态。

具体的工程技术措施包括矸石充填复垦、粉煤灰充填复垦和挖深垫浅等充填复垦技术，以及疏排积水、土地平整、塌陷土地阶地化、梯田化等非充填复垦技术。我国现有复垦工程技术应用中非充填复垦技术占 85%，而充填复垦技术仅占 15%。

(三)复垦后的改善与管理

复垦后的改善与管理阶段旨在采取必要的改良与管理措施，使复垦的土地达到期望的生产力和效益目标。涉及的改良与管理措施主要是生物工程措施，具体有田—塘、田—场—塘生态工程复垦、基塘复垦利用、综合农林种植等。有关的生物复垦方法还有生物细菌快速生物复垦法、无覆土生物复垦法、基于城市污泥的水力播洒法、抗侵蚀被(先铺后种)法。

【案 例】

北京全面实施保护性耕作取得明显成效

20 世纪 90 年代以来,农业部将保护性耕作技术作为重点推广农业技术之一,中央财政自 2002 年起累计投入 2 亿元予以重点扶持。我国保护性耕作呈现出了规模化推进的良好势头。截至 2007 年底,全国保护性耕作实施总面积已达 3 062 万亩。

保护性耕作是以免耕少耕和作物残茬覆盖为主的现代耕作技术,不仅能抵抗风蚀水蚀、保护土壤和环境,而且能显著提高旱作农业产量。这项技术在欧美国家已得到广泛应用。

2006 年,农业部与北京市人民政府共同启动了在北京全面实施保护性耕作项目,决定用 3 年时间,在北京取消铧式犁耕作,全面实施少免耕播种。一年来,北京市在前期工作的基础上,强化措施,狠抓落实。在 9 个农业区县中的 75 个乡镇、669 个村队推广实施了保护性耕作,呈现出统筹规划、多点开花、全面推进的良好势头。据监测,全面实施保护性耕作 3 年后北京农田的土壤有机质含量由 1.52%增加到 1.81%,土壤贮水量增加 14%～15%,水分利用率提高 15%～17%,全年节水量相当于 1 个怀柔水库的库容量。

一、精心组织实施,加大推行力度 一是责任推动。2006 年农业部与北京市签订保护性耕作实施方案后,北京市抓住机遇,乘势而上。层层签订责任书,建立责任网,把总任务分解到具体人员,面积落实到具体地点。二是现场推动。市农业局多次组织全市农机、栽培、植保、土肥等方面的专家和技术人员加强技术指导,区县农机农艺专家走乡进户、深入田间地头,研究解决推行保护性耕作的具体问题,保证技术措施到位。三是宣传和培训推动。从节本增效、生态环保、现代农业、可持续发展、绿色首都、绿色奥运等多个角度出发，发放技术图册等宣传资料10万余份，电视、广播、报刊等大众媒体报道宣传60多次，举办各类培训班、机具发放会、保护性耕作作业演示会40余期次，培训管理、技术、作业骨干1 500余人次。强有力地推动、提高了农民的认识，营造了良好的氛围，为全面实施保护性耕作奠定了基础。

二、增加资金投入，提高装备水平 保护性耕作主要是依靠机械化作业来完成的，机械化水平与保护性耕作实施质量成正比。北京市抓住这一重点环节，加大投入力度，整合各级购机补贴资金1 300万元，保护性耕作项目资金630万元，带动区县投资1 080万元，共计3 000余万元。新增保护性耕作机具318台套，其中大型拖拉机154台、免耕播种机155台、联合收割机和青贮收获机9台。全年完成保护性耕作作业面积177.65万亩，其中新增46万亩，使北京市的保护性耕作作业水平迈上了一个新的台阶。

三、创新推广机制，培育服务组织 一是建立保护性耕作经纪人制度。北京市各区县选用了200多名懂技术，威信高，思想观念进步，对新技术、新机具接受快的农村实用人才作为保护性耕作经纪人，负责宣传农民、落实任务、组织协调、示范推广、技术指导。他们既是宣传者、实践者，也是领头者、指导者，起到了“点亮一盏灯，照明一大片”，“星星之火，可以燎原”的积极作用。二是积极探索技术路线。北京市因地制宜，从实际出发认真研究不同情况下的种植模式，先后摸索出了夏玉米秸秆青贮、小麦免耕播种，夏玉米秸秆粉碎均匀覆盖地表、小麦免耕播种，夏玉米秸秆粉碎覆盖、小麦少耕播种，夏玉米深松免耕播种、小麦免少耕播种，留茬覆盖免耕播种春玉米，留茬覆盖春季耙地少耕播种春玉米6种不同的技术路线。为北京全面推行保护性耕作奠定了良好的技术路线基础。三是抓好重点农机大户和合作社等服务组织建设。北京市抓住项目实施的大好时机，对一批重点农机服务组织购置新型适用农机具进行补贴。

这些服务组织开展从种到收全程机械作业服务，不仅为农民提供了便利，而且扩大了自身服务内容、增加了作业收入。全市涌现出了大兴鑫绿禾、昌平区新世光、房山区绿海鑫田、密云陈向阳等一批不同所有制形式的农机服务组织，在推广保护性耕作技术中发挥了重要作用。据不完全统计，2006 年全市 50%以上的保护性耕作任务是由这些服务组织完成的。

北京市实施保护性耕作取得了良好的经济效益、生态效益和社会效益。一是经济效益十分可观。据北京市各区县测算，2006 年由于减少了翻耕、重耙、轻耙碎土、镇压、施基肥 5 道工序，春玉米种植每亩平均节约成本 45～55 元，73 万亩可节约成本 3 600 万元左右；夏玉米种植每亩节约成本 45～55 元，78 万亩可节约成本 3 800 万元左右；冬小麦种植减少了翻地、重耙、轻耙、旋耕平整地表、施基肥等 5 道工序，每亩可节约成本 50～60 元，26 万亩可节约成本1 300万元左右。全年 177 万亩粮田实施保护性耕作可使农民节约成本 8 000 多万元。同时保护性耕作实现了粮食和经济作物的稳产增产，促进了农民增收。二是生态效益初步显现。秸秆覆盖和免耕播种改善了土壤结构，提高了土壤有机质含量，减少了水分蒸发，增强蓄水保墒保肥能力。据北京市测试测算，保护性耕作与传统耕作相比，2006 年实施的 177 万亩保护性耕作，可减少土壤流失约 690 万吨、减少二氧化碳等温室气体排放量约 7 万吨、减少灌溉用水约7 000万米^3、减少有机质和氮磷钾流失约 29 万吨。三是社会效益已经凸显。保护性耕作的全面实施，转变了传统的耕作方式，增强了农民科学种田的意识和环境保护意识，提高了农民的整体素质。同时促进了农机具的结构调整和优化，一些先进适用、经济安全、节能环保的新型机具得到推广应用，提高了农业装备水平，促进了现代农业发展和社会主义新农村建设。

（资料来源：农业部网站，2007-02-26）

第六章 农村土地流转

随着市场经济的日渐成熟，农村劳动力的大量转移以及农村城镇化的发展，使原来"家庭联产承包责任制"的土地承包制度面临新的时代难题。土地流转问题也越来越受到人们的关注。它不仅关系到农村人地矛盾和土地撂荒问题的解决，而且关系到今后农村土地经营方式的发展方向，关系到农民收入的提高和农业的进一步发展。党的十七届三中全会公布的《关于推进农村改革发展若干重大问题的决定》明确提出"允许农民以多种形式流转土地承包经营权"，为解决新的时代难题开了题。著名经济学家厉以宁等一批学者提出改革建议，即坚持农村基本经营制度前提下，健全土地承包经营权流转市场。由此可见，做好农村土地经营权流转工作是解决三农问题的当务之急。

第一节 农村土地流转的含义

一、农村土地流转的定义

农村土地流转的定义主要是对土地流转的范围进行界定，大致有 3 种观点。

第一，土地流转是指土地所有权和使用权在不同经济实体之间的流动和转让。也就是说农村土地市场包括农村土地所有权市场和土地使用权市场。土地所有权市场是集体经济组织依法向国家或其他经济组织有偿转让土地所有权的市场，如国家征地、乡镇企业和农村小城镇的建设占地等；土地使用权市场包括一级和二级土地使用权市场。一级土地市场是土地所有者即集体的土地使用权有偿转让给土地使用者的交易关系;二级土地市场是土地的使用权在土地的使用者之间的流动和转让。

第二,农村土地流转的本质是农户所拥有的集体土地承包经营权的交易。这种观点认为,农户土地承包经营权是一种从集体土地所有权中分离出来的土地产权,属于一种相对独立的土地他物权,具有一般物权的独占性和排他性,即农户依法享有对承包的集体土地的排他性占有、使用、收益以及处分处置的权利。通过土地承包经营权的市场流转,实行了所谓的"三权分离",即:所有权归集体、承包经营权归农户、使用权归转入户。

第三,土地流转是土地使用权的流动。土地使用权流动包括2层含义:一层是农民仅把使用权转让出去,保留承包合同,收取一定的收益;一层是农民把合同、土地经营使用权一起转让,农民不再保留任何权利,不与土地发生任何关系。土地使用权既可指承包者的使用权,也可指经营者的使用权。

在实践和理论中,第三种定义的运用更广,也就是说土地流转更多的是指土地使用权的流转。

二、农村土地流转的主要形式、作用和意义

(一)土地流转的主要形式

随着农村土地交易行为的不断增多,土地流转形式从最初农户间自发转让使用权,发展到土地股份合作制、土地使用权"反租倒包"等多种流转形式并存,流转渠道也从在本组或本村集体组织内部流转,发展到跨组、村、乡甚至跨县、省的异地流转。从当前各地土地流转的实践来看,农户之间自发流转土地的形式最为普遍,具体包括转包、转让、互换和托管等形式,流转范围也主要以本地集体经济组织内部为主。

1. 农户之间自发流转土地的形式　①转包。转包指原承包方将自己从发包方所承包的土地,以一定条件再发包给第三方,这

两者之间形成新关系，而原承包合同中所规定的权利与义务不变。转包的对象一般是本地的种田能手和亲朋好友。转包的时间一般是以年为计。转包在农业生产中发挥了积极作用。当农户由于种种原因无力或不愿耕种土地时，如家庭主要劳动力外出打工，或是一部分有一技之长的农户，把自己家庭的生产经营转向到从事第二、三产业后，把承包地的使用权转包给别人，从而避免了土地的半荒半种、广种薄收甚至"休田"的发生。②转让。转让指原承包方与第三方签订合同，将自己与发包方业已形成的权利与义务关系由第三方向发包方履行。原承包方与发包方在该土地的权利因承包关系转让而终止。这种现象主要集中在经济较为发达的农村、近城郊区或厂矿工业区附近。当地农民不必再依赖土地，而有相对稳定的收入来维持生计。土地使用权转让后，农民则不必再对几亩田地牵肠挂肚，从而可以安安心心从事非农产业。③土地互换。拥有土地承包经营权的农户为方便生产与集体或其他农户在自愿互利的基础上，经批准相互交换土地承包经营权的行为。这一形式主要是在联产承包责任制的初期，因承包地到农户家庭是采取抽签发包的，带来了部分农户生产作业区相对分散，不便管理的问题。于是在农户家庭间出现了自愿协商、对等互换承包地的现象发生，互换时一般有村、组干部为协调中间人，互换后一般无后遗症问题。④委托经营。农户因短暂外出而又不想让土地撂荒，委托他人对土地暂时代行经营，经营利益的分配由双方协商解决。

上述形式一般都比较好地体现了农户自己的意愿。但这种转让的和约往往不够规范，如没有正式的合同，没有明确规定转入、转出双方的权利和义务，以及没有规定违约后的责任追究等，因此这种流转的范围有限，往往是在亲朋好友之间进行，而一旦发生纠纷也往往难以找到合理的调解途径。

2. 土地股份合作制 土地股份合作制又称"股田制"。主要发生在经济比较发达、农业劳动力已经大量转向非农产业的地方。一般是将每户的承包地折成一定的股份，而土地由村里统一经营，所得再按每户的股份分红。土地股份合作制的运作方式是：①在土地产权方面，实行“三权”分离，集体拥有土地所有权，农民拥有土地承包权，土地的实际经营者拥有土地使用权。②在“三权”分离的基础上，通过土地入股和收益分配，承认农民拥有承包权并使之商品化、价值化，以促进土地的转让。③土地实行统一规划，统一开发利用，实行集约化、规模化经营。这种形式的好处一是有力地推进了农村土地的适度规模经营和产业结构调整。二是加强了集体经济组织的力量，完善了“统分结合的双层经营”体制；三是增加了农民的收入。

土地股份合作制存在的问题是，首先在理论上股份合作制具有股份制和合作制的双重特征，其性质不明确；农民拥有的土地承包权是否构成了一种股权；实践中股权的流转及收益分配方面的问题较多。其次，土地股份合作制仍然没有从根本上解决集体产权主体虚置的问题，同时使农户与土地的直接联系削弱了，这在绝大多数地区无疑超越了农村劳动力就业困难的现实，所以很难得到广大农民的欢迎。

3.“反租倒包”　在产业结构调整中，为了发展集体经济，实现土地规模经营，由乡或村集体将农民承包的土地“反租”回来，再承包给个人或单位，由接包方向集体缴纳承包费，同时给转出土地使用权者年度性经济补偿。

“反租倒包”的优势有 3 点：①加强了农业商品化生产的计划性和统筹性，从而在分散生产的基础上实现规模经营。②商品生产的经营风险由农民转移到有一定抗风险能力的经济实体，农民收入有了稳定的保障。③“反租倒包”有效地防止了土地撂荒、弃耕和粗放经营的发生，使土地经营向资金、技术和劳动力投入集约化方向发展，土地资源利用率明显提高。

“反租倒包”存在的问题：首先，这种形式的生产经营直接面向市场，往往以经济作物的种植为主，产品的商品率很高，获利的机遇与经营的风险同时存在；其次，这种流转形式在各地普遍遇到一些农户不愿将土地转出来的问题，因为有的地方反租与倒包的价格确定、反租与倒包的期限等都是干部说了算，有些地方下硬性指标，要求流转面达到耕地总面积的50％以上，个别地方强行收回农民的承包地，用于搞所谓的“开发”。

因此，实行这种形式关键要看2个方面：一是农户是否真正自愿。二是目的到底是什么。是为农民增收，还是为村里增加对土地的收费。如果各种手段强制农民“反租”土地使用权、在农户同意“反租”后实际上取消了农户的承包权，或是主要目的就是为了增加村里对土地的收费，那就违背了土地承包政策，侵犯了农民在土地上的基本权益。

此外，某些地方还出现了租赁、信托、抵押、成立集体农场等形式，也都是土地流转方式的重要形式。

(二)农村土地流转的作用和意义

1. 有利于实现农业生产要素的合理配置 土地流转使土地向种田能手集中，连片种植也为采用先进技术和农业机械提供了便利，有利于吸引资金投入，从而实现土地、劳动力、资金和技术等生产要素的优化组合。土地流转有利于解决人地矛盾，由于人口变化，对土地进行行政性调整的压力和难度越来越大，只有通过土地的市场流转，人、地资源才能得到合理的配置。

2. 有利于促进土地利用率的提高，使土地荒芜现象得到有效遏止 实行土地有偿转包，能够减少土地荒芜，并且使一些河滩荒山能够得到逐步开发和利用，从而提高土地的利用率。

3. 有利于促进土地向规模经营方向发展 土地逐步集中到种植能手手中经营后，有效地促进了农业经营的规模化。

4. 有利于农村经济的发展和农民收入的提高 转出土地的

农户可以外出劳务或经营非农产业，有利于加快农村第二、第三产业的发展步伐。转入土地的农户通过调整农业生产结构，扩大种植业经营规模，提高农业劳动生产率和土地生产率，从农业经营中增加收入。

5. 有利于促进劳务输出　土地流转使部分农村剩余劳动力更彻底地从土地上分离出来，能使劳务输出人员消除思想顾虑，集中精力安心在外工作。

第二节　我国农村土地流转的现状与问题

一、我国农村土地流转现状

自20世纪80年代初推行的家庭联产承包责任制以来，农村实现了农业生产用地的集体所有权、家庭承包权、土地经营权的分离，为土地经营权的流转奠定了坚实的基础。从推行家庭联产承包制到1995年之间的前期是农村出现了自发的土地流转，而在后期又根据农村经济发展的要求进行了自发的土地流转，并积极推进农业适度规模经营，从而有效地阻止了土地撂荒和半撂荒。1995年至今的这一阶段，为了实现农业生产的规模化、专业化、产业化经营，提高农业生产水平，许多县、镇进行了大规模的农业产业结构调整，土地流转数量进一步扩大，土地流转规模呈上升趋势，出现了代耕、换耕、转包转让、出租、“反租倒包”、“公司＋农户”等多样化形式。以家庭承包制为核心的农村改革虽然推动了农业及产业化经营的发展，但同时也出现了一些新的问题、新的矛盾。一是农户小规模经营与现代农业集约化生产的矛盾；二是土地承包制延长30年不变造成部分农户对自己承包地偏颇的认知模式和狭隘的占有观念与土地规模经营的矛盾；三是“小而全”家庭经营结构与专业化生产的矛盾；四是耕地资源稀缺与土地闲置浪费的矛盾。同时也存在占地不开发，操作不规范，干预或强行流转等现象，也是造成上述矛盾的原因，但是我们不能否认土地流转在搞活土地、劳力资源、推进农业结构快速调整、提高农民收入、发展农业适度规模经营等方面效果显著。

第一，它推进了农村劳动力的转移。流出土地的农户，由于经营的耕地面积大幅度减少，相当一部分劳动力从由农业就业领域转向非农业就业领域，外出打工人数增加。相反，流入土地户，由于经营的耕地面积大幅度增加，一方面少数劳动力由非农就业领域返回农业就业领域，另一方面通过雇工经营，弥补自身劳动力的不足。

第二，促进了农业产业结构的调整。土地流转后，流转土地用于种植粮食、油料等大宗作业的农户比例下降了，而用于种植收益水平较高的烤烟、蔬菜、水果等经济作物的农户比例分别上升，同时还出现了流转土地作为非农种植业的农户。

第三，增加了农民的收入。土地流转使土地流出方和农户家庭收入水平均有较大幅度的提高。

在土地流转的过程中，农民自发组织、政府组织和乡村中介机构组织是农民土地流转的 3 种重要组织形式。第一种是农民自发组织。当前农民主要依靠的一种组织形式，是在农民自愿的基础上，由农民直接与接包方协商，流转的土地较为零星，流转规模小，流转期限短。在补偿标准上差别较大，有的甚至是无偿的。第二种是政府组织。乡村集体组织在征得农民同意的基础上，将农民土地承包经营权进行流转，这种形式流转的土地大多连片，流转的规模较大，流转期限较长，补偿标准也较为统一和合理。第三种是乡村中介机构组织。这种机构为农民流转土地牵线搭桥，农民通过中介流转土地，手续齐全，合同规范，有利于土地纠纷的减少。

二、农村土地流转存在的问题

土地流转虽然有了起步，但由于起步晚，进度较慢，农业产业化经营程度较低等原因，我国农村土地流转还存在很多的问题。

（一）农村土地市场存在的问题

从农村土地市场的发育程度看，土地流转还处于低层次的初级阶段，主要表现在以下几个方面。

1. 流转量小　从全国范围来看，截止到目前，全国农用地发生流转和集中的不到10%。发达地区农用地流转和集中的比例相对要高得多，而内地或欠发达地区不到1%。

2. 流转期限短　农用地流转周期普遍偏短。短的只有半年，长的多是3～5年。这严重制约了承包人的投资。

3. 低偿甚至无偿交易比例高　在土地流转中，通过土地转包获得的收益相当低。有的只要代交土地承包费就可以，有的以倒贴的形式转包土地。

4. 流转地块分散　交易地块的面积小，多数地块面积在0.07～0.33公顷，有的交易地块面积只有几万平方米。

土地流转市场表现出上述特点，原因在于流转土地的供给不足或需求不足。在人多地少的发达地区供给和需求同时不足。需求不足的主要原因有：一是农业劳动生产率低。劳均经营土地面积小，规模效益不能显示出来；地块零散狭小，机械难以利用；农民素质低，经营能力差等，造成农业生产率低下，导致农业比较效益的低下，进而使许多农民不愿意经营土地，因此对土地的需求不足。二是由于农业收益低，农民种地主要为了满足自家需要，以经营土地并进行农产品交换获得收益的农户比例低、农产品商品率低，农民以满足自家食物需要为经营目的，并以此决定对土地的需求量，这直接导致了扩大经营土地规模的需求不足。三是土地承载的负担太重，想种地的农户因负担太重，不敢受让。四是需流转的土地较为分散，土地转包难寻"需"方。一般而言，因外出打工经商等转移的劳动力提供的可流转土地，大多是按照"弃差不弃好、弃低不弃高、弃远不弃近"的原则操作的，形成了分散零碎的插花田，这部分田地难寻求"需"方。

供给不足的原因：一是人均耕地面积小限制农民供给土地的量。二是家庭剩余劳动力和可供利用的闲暇时间使经营土地与经营非农产业形成互补关系，从而使兼业长期存在，增加了兼业经营的土地面积，减少了可供给专业农户的土地面积。三是农业收入占家庭总收入的比重很小，转出土地的收入十分低，因此农民认为自已种地收入多少关系不大，能保住承包权就行。土地收入占家庭总收入越低，土地供给越小。

（二）农村土地流转的规范和管理问题

1. 土地使用权交易组织匮乏 交易组织包括交易载体和交易规则。交易载体是指交易的场所和监督管理机构。农村经济体制没有形成土地使用权交易组织外部条件。

2. 土地使用权流转的监督主体缺位 我国县以上政府成立了国土局，乡政府也有国土站，但这类机构只负责国土的规划、耕地保护、用地的审批，而没有土地使用权交易的监督职能和管理权限。由于监督功能弱化，土地承包权主体或土地使用权主体的利益经常受侵蚀。不能为主体提供稳定的收入预期，这又阻碍了交易组织的进一步发育。

3. 土地使用权流转的中介组织缺乏 农户漫无目的寻找转让对象来完成交易过程，势必因效率低下而影响土地流转速度，从而影响土地资源的合理配置；有买找不到卖，有卖找不到买，土地交易局限在比较小的范围内，成交量小，成交可能性小；交易不规范，运作程序不到位。

4. 缺乏一套完整规范的土地流转程序 虽然土地流转行为在我国农村早已存在，但大多数地区至今还没有建立起一套完整规范的土地流转程序，造成农户在土地流转过程中操作随意，流转无序。如有些农户进行土地流转仅凭口头协议，无任何书面合同，造成事后矛盾纠纷时有发生等问题。

（三）农村土地流转的机制问题

土地流转机制不符合市场经济的要求。行政强迫农民流转土地；违背农民意愿搞规模经营或农转非，如有些乡村借口发展集体经济、搞农业产业化经营和规模化发展，违背农民意愿将土地集中，强迫农民转让。少数地区土地流转纠纷呈上升趋势。出现这些问题的原因主要有：一是部分地区农村干部由于思想认识不足，工作方法不到位，对农户之间土地承包关系的调整主要采取一些简单、粗暴的行政手段，从而既影响了农村干群关系，也妨碍了各项农村工作的顺利开展，更不利于农村土地流转市场的正常发育。二是自上而下层层下达给农村的各种社会、经济任务，对土地政策带来很多问题。如要求农村办好学校、医疗卫生机构等，在现在的财政情况下，农村得不到财政拨款，同时中央严格控制向农民收取各种费用，乡、村干部没有办法，只好利用手中权力调整土地，高价转让以达到任务标准。三是乡村基层干部有时故意违反政策。有的是为了满足权力的要求，有些地方村长的任期是 3 年，土地承包期为 30 年，许多村长对一个承包期内没有权力调整土地有怨言，于是有的地方 2～3 年就调一次。有的是为了满足自身利益的需要。通过土地调整可以为自己、亲朋牟取私利，至少也可以使村级政权增加收入来源。这种任意缩短承包期，频繁调整承包地做法，使农民对土地承包权没有一种稳定感，造成土地承包关系不稳定，使土地无法流转。由于土地承包延长 30 年不变只是政策而不是法律，因此很难通过法律手段对违反政策的行为进行处罚。

三、我国农村土地流转的影响因素

(一)制度因素

1. 农村土地所有权和使用权分离是农村土地使用权流转的前提条件 明晰农地所有权和使用权主体的权利、义务和责任,是农村土地使用权流转的关键。

2. 延长农户对土地的承包期是鼓励农户自愿转让土地使用权的必要前提之一 稳定土地承包期,农户就可以根据家庭的实际情况来决定是转入还是转出土地的使用仪,土地使用权的流转市场就可以逐步、自然地发展起来,如果在土地承包期内频繁调整土地承包关系,就会造成行政性调整阻碍流转市场发展的局面。所以,鼓励农民在自愿的情况下转让承包地的使用权,以逐步形成使用权流动、集中的趋势,重要前提之一就是要有足够长的土地承包期。

3. 农村土地制度及其他制度存在的问题影响土地流转 ①土地所有权主体不明确。我国农村集体分为3级:乡镇、村、组。在人民公社时期土地使用权的归属就比较复杂,60%在生产队(即现在的组),40%在大队(村)一级。村、组在全国的差别,有些地方出现了村一级侵占组一级土地所有权的情况,承包方明确,但发包方却极不确定,造成了经济纠纷和财产问题,土地承包关系因此而不稳定,影响土地的流转。②土地承包权的性质不清楚。一方面承包者拥有土地的承包权,这部分产权是否可构成农民的财产权,没有法律依据。另一方面,作为同一客体,集体所有的财产和承包农民承包的财产能否共同享有,其产权如何分割,权利和义务如何分摊等不清楚。这就导致了承包者不将土地作为财产看待,缺乏财产收益预期;订购者也不将其作为资产看待,缺乏增殖预期;集体所有权主体也没有人格化的代表行使所有职权,维护所有权的利益。导致土地使用权流动没有内在驱动力。③土地税收制度的缺陷。规定农民承包土地要承担义务，但对农民承包土地到底交给集体多少费用没有明确的规定。也没有明确这部分费用的属性，这一费用标准的确定成了很大的问题。造成村里需要多少开支就向农民收取多少钱。农民交纳的费用往往与他们实际经营结果发生脱节，给农民造成过重负担。④集体经济组织制度有缺陷。政策明确规定长期稳定农民的土地承包权，但在实际操作中没有说明什么人有权承包土地，即什么人算是集体组织的成员。这是集体经济组织制度造成的。所有农民都认为无论新婚嫁娶的本村人都天然具有分配土地的权利，造成了土地承包关系不断随人口变化做出调整。土地按人均分，土地经营规模极度狭小和零碎，阻碍土地资源的合理流动和配置。

(二)经济因素

农村经济发展水平、农村非农产业的发达程度、农村劳动力转移状况以及农民收入水平是影响农村土地使用权流转的重要因素。只有在具备经济条件的基础上，才能搞活土地使用权的流转。一方面，以农村劳动力的转移带动农地使用权的流转。通过发展乡镇企业和非农产业，扩大农村剩余劳动力的就业容量，改变农户以农地作为惟一生存资料而依附于土地的现象，使部分农村劳动力与土地分离。另一方面，发展农村经济，不断壮大集体经济实力，集体经济组织具有较强经济基础和投资实力条件下才能为农村土地使用权流转创造良好的经济环境。

(三)社会经济环境

目前，影响土地使用权流转市场有效运作的经济和社会因素有：社会保障制度、价格制度、粮食购销制度以及种植计划管理等。完善社会保障制度，可解除农户出让土地的后顾之忧。现行农用地使用制度成为承担农民社会保障功能的一种福利手段，农民对土地使用权也就变成其享有社会保障权的实现形式。因此，要实现农村土地使用权流转，就必须剥离农村土地的社会保障功能。

改变城乡二元户籍制度和二元经济结构，使农户在社会保险、福利制度等方面逐步享有与城镇居民同等的待遇。

粮食购销体制的改革能使农用地经营的成果即农副产品的价值在流通领域中得以有效实现。农产品价格放开有助于形成依农用地经营的平均利润驱动机制，提高农用地经营的比较效益，为土地流转增加动力。

四、农村土地流转的对策建议

(一)加强对土地使用权流转的规范管理

土地流转工作直接关系到农户的切身利益，不仅政策性强，而且是一项长期性的工作，有关部门应主动做好土地流转的指导、协调、管理、服务和监督工作。一是确保管理者的职责明确，有专人负责；二是加强业务指导，规范土地承包经营权流转行为，统一印制规范的合同格式，保证每份土地流转合同条款齐全、手续完备；三是加强对流转土地使用情况的监督，防止经营者损害生态和生产环境，掠夺式经营，随意改变土地的用途，以维护农民的合法权益。四是建立纠纷防范和处理机制，维护农村土地承包当事人的合法权益，将土地流转纠纷解决在基层，解决在萌芽状态。

(二)加大宣传力度，提高基层干部依法行政能力，增强农民法律意识

各级各部门要加大《中华人民共和国农村土地承包法》和《农村土地承包经营权流转办法》的宣传力度，让基层干部充分认识到这些法律法规是党在农村基本政策的进一步完善，是深化农村改革的重要内容。处理土地流转问题，就是要以其政策和法律依据，不断提高干部队伍依法行政能力，增强为民服务意识。要通过宣传，让广大农民群众自觉认识自己的权利和义务，了解党在农村的基本政策，使他们在土地流转过程中，自觉按法律规范操作，提高土地流转的规范化程度，提高合同履约率。

（三）提高流转土地效益，稳定土地流转关系

只有流转土地的效益提高了，土地流转双方才能从土地流转中得到更多的实惠，才能吸收更多的农户和规模经营户参与土地流转。没有经济效益的土地流转关系是不牢固的。一是要以效益为中心，依靠科技和产业化经营，形成县域特色产业和区域土地流转市场价格体系，让更多的愿意流出土地的农户，将土地流入到产出水平较高的土地经营者手中。二是要利用土地流转，进一步推进农产品适度规模经营，帮助农民降低生产成本，以规模效益稳定土地流转关系。

（四）遵循自愿原则，积极推进农村土地流转工作

要在充分尊重农民意愿的基础上，积极推进土地流转工作，农民土地承包经营是否流转、流转数量、流转方式，应由农民自己决定，任何组织不得以行政手段阻碍或强迫农民流转土地。政府推动型的土地流转，一定要坚持条件，因势利导，稳步推进，要重点帮助困难农民解决好劳动力就业问题，保证其在土地流转后收入水平有较大幅度的增长。

（五）规范集体土地流转，促进经济发展

允许集体土地流转，是顺应社会主义市场经济发展对土地管理的客观要求。有利于盘活现存的建设用地，实现土地集约化利用；可以增加农民收入，妥善安置农民生活，可加快城镇化建设，使农民共享城市化带来的文明成果，使农民自觉支持城市建设。集体土地流转要注重流转管理模式的选择和利益分配问题，解决好失地农民的生活问题和社会福利保障，使土地流转平稳，农村社会稳定。当前，应逐步放开、引导和规范土地流转，促进广大农村社会经济的发展，实现农村土地使用的规模效益，能有效地解决农户小规模经营与现代农业集约化生产的矛盾、农民对土地狭隘的占有观念与土地规模经营的矛盾、农村“小而全”的家庭经营结构与专业化生产的矛盾以及耕地资源锐减与土地开发利用的矛盾等。

要加快土地流转探索，改善和完善农村各项制度，为实现农村全面小康建设奠定基础。

第三节　国外土地制度与土地流转

不同国家的土地制度和土地流转情况各有特点，研究其土地制度的演替历史和发展规律，对推动我国土地制度的创新，培育和规范土地流转市场有着重要的参考意义。本节以英国、法国、德国、美国、澳大利亚、俄罗斯、日本、印度和我国台湾地区分别代表发达的工业型、以农业为主导的发展型、以商贸为主导的发展型国家或地区，研究其土地制度的创新和土地流转规律。

一、英国的土地制度与土地流转

英国现代土地制度脱胎于其封建领地制经济。英国的封建土地所有制是国王为一切土地的所有者，国王把土地分封给亲属和随从，可以世袭，但受封的领主必须服兵役，缴纳一定的赋税。同时，教会的地产也不断扩大，由世袭领地和教会领地所构成的封建领地制经济在英国占据了统治地位。英国的村庄制经济经历了四五百年的封建化过程，转变成为庄园制经济。

英国封建土地制度转变为近代资本主义土地制度的手段是圈地运动。从 15 世纪英国养羊业圈地运动的兴起，到 17 世纪圈地运动的合法化，再到 18 世纪中叶以后圈地运动的加强，一直延续到 19 世纪初，长达 3 个多世纪，大批小农失去了赖以生存的份地和分有地，土地所有权发生了大规模的流转。在英国农业中，形成了一种新型的阶级结构：地主—租佃农场主—农业工人，从而奠定了近代农业土地制度的基石。对公有地的圈围，建立了资本主义土地产权制度，使分散、模糊、有原始村社性质的土地占有形式，转变为集中的、产权明晰的现代土地制度，并形成了大地主所有权与经营权相分离的产权制度。它们的人格化代表分别是地主和雇工经营的租佃农场主。二次大战后，英国土地所有权的结构出现了与本世纪初相反的发展趋势。英国政府鼓励和支持农场经营者购进土地。1960 年，英国租佃农场占农场总数的 46%，自营农场占 54%，到了 1977 年，租佃农场的比例下降为 38%，自营农场上升到 62%。因此，现阶段英国土地流转的特点是鼓励私人购买土地，土地所有权流向私人，土地租赁比例逐渐下降。

二、美国的土地制度与土地流转

虽然美国是世界上最发达的国家，但其历史较短，土地制度演变为现代土地制度所经历的时间也较短。在 1492 年哥伦布发现新大陆后，欧洲殖民者，特别是英国殖民者力图统治这块资源丰富的大陆，实行的是公司和私人占有混合式制度。封建土地制度没能完全占据统治地位。美国独立战争后，清除了国内的封建制度，走上了列宁称之为“美国式”的资本主义发展道路。美国政府宣布所攫取的土地为国有，然后出售给移民垦殖。1841 年，承认自行开发者对所开发的土地有优先购买权。南北战争前后，就已建立了很多规模较大的农场。在美国现代土地制度形成过程中，军人土地奖赏和军人保留地制度是一个重要方面。由于美国人在 1775 年以后几乎连续不断地进行战争，而且几乎每个人都有亲戚曾经在战争中服过役，因此这些法令促成了普遍分配土地的状况。

目前，美国农地所有权的状况，按农场所有关系可分为 4 类：土地完全归农场主所有的业主农场；部分土地为农场主所有，部分土地为农场主租用的部分业主农场；土地全部租用的农场；雇用经理人经营的经理农场。土地全部租用的农场又根据地租形态分为现金佃户农场和分成制佃户农场。分成制是指农场主从土地所有者那里租得土地及其他生产资料，作物收获后按很高的比例同地主分成。这种农场在南方盛行，是一种带有封建残余的土地租佃关系。经理人经营的农场是指一种土地所有者委托经理人雇用劳动力代为经营的农场。美国土地制度的变化趋势是完全业主和部分业主的农场在上升,经理人农场和分成制农场急速下降。美国农场以中小型农场居多,但生产的集约化程度很高。近年来,农场的规模越来越大,农场总数越来越少。1982 年土地全部自有农场、部分自有和租佃农场的比例分别为 25.4%,64%和 10.6%,所占土地面积分别为 34.7%、53.8%和 11.6%。因此,美国土地制度和土地流转的特点是中等规模的农场越来越少,大型农场越来越多,农业劳动力转为从事其他产业的人数越来越多,这种变化趋势是与美国高度集约化生产和现代化的生产力水平相适应的。

三、法国的土地制度与土地流转

在 1789 年的大革命前,法国处于封建领地制经济时期。其领地的特点是禁止私人圈占土地,实行公共放牧和强制性轮作制度。领地和份地的结合是法国封建领地制的土地占有形式的主体。领主是土地的所有者,同时又是领地的统治者。封建土地的农民大致分为自由佃农和农奴两种。前者与领主无人身依附关系,后者对领主有一种固定的人身依附关系。13 世纪后,领主普遍减少了由自己经营的领地,将土地分成小块租给农民耕种,从而形成了法国封建土地制度的一个特点,即领主一般不直接经营土地。劳役的减轻和地产的划小是欧洲国家的普遍现象,也是封建领主制经济中具有决定意义的转变。这个转变法国比英国、德国早 1～2 个世纪。

1789 年爆发的法国大革命,摧毁了旧的封建土地关系,通过暴力将贵族和教会地产分给农民,在农业中广泛建立起了小块私有土地为基础的小农经济。在大革命后,农村中高利贷活动十分猖獗,到了 19 世纪,法国农民开始出现了两极分化的过程,很多农民破产,少数大土地所有者组织起了资本主义式的大型农场。目前，法国实际上只有土地所有者自己直接经营和租佃经营 2 种土地制度。

当今，法国政府在将小农场土地合并的同时，限制土地过度兼并。政府规定，对农用地使用和转让时，私有农用地一定要用于农业，不准弃耕、劣耕和在耕地上进行建筑。对于弃耕和劣耕者，国家有权征购，提高土地税或让其出租。政府明确规定土地转让不可分割，该块土地只能整体继承或出让。法国还建有土地市场管理机构——土地事务所，并建有土地银行。土地的转让和出租必须经过管理机构批准，不获其批准，土地转让无效。土地事务所对小块土地有先买权，整治合并后，卖给有经营前途的农民。土地银行购买土地后，再租给农民，订立长期租约，以刺激投资。总之，现阶段法国土地制度和土地流转的特点是将土地市场分为市地市场和农地市场，两个市场严格划开，不得混同。市地市场以建设用地流转为主，农地市场以农业生产用地流转为主。这种将市地、农地分为两个土地市场的制度值得我们很好研究与参考。政府鼓励中等农场的发展，限制土地的过度兼并，对佃农赋予相应的权利和自由度。

四、日本的土地制度与土地流转

日本的近代土地制度确立于明治时期。在 1873 年（明治 6 年）的地租改革中，明治政府进行土地调整，建立以封建地主土地所有制和封建土地租佃制作为日本农地制度主体的土地制度。确定土地的私人所有权，并规定国民用现金交的地租（土地所有税）作为建立近代国家的主要财政保证。二次大战后，在美国的帮助下，开始了自上而下废除半封建农地制度的改革，消灭了地主阶级，形成了自耕农体制。国家对土地实行的管制主要有以下几个方面：①土地权利移动的管制。禁止农地改革所创设的自耕地出租；禁止佃耕地的转租。②佃耕地占有的限制。禁止不在村地主拥有土地；在村地主的出租也不允许超过 1 公顷。③佃租的管制。出租地的佃额按国家规定的限额，用货币交纳；由法令规定其最高定额，不许超定额征收租金。佃耕奴权的保障。规定地主收回出租地要受到严格的限制。日本的土地法保护了自耕农，防止地主制和租佃制的复活，但是在客观上限制了土地权利的流转，从而限制了经营规模的扩大，限制了农业的规模化和集约化发展。因此，1962 年以后，日本政府修改了农地法，逐步废除了上述各种限制，试图在自耕农体制的基础上，允许朝着土地自由借贷、自由买卖的方向发展。

五、德国的土地制度与土地流转

德国的封建领地制早在 9 世纪的东法兰克王国时期就已经出现，同西欧其他国家相比，其发展比较缓慢，地区间出现不平衡。德国早期封建领地制经济的组织形式是劳役田庄。领主的土地分为田庄和自有地。自有地由领主的仆役经营，田庄则租给农民经营。农民附着于土地，缴纳地租和服劳役。领主的管家负责收取地租和驱使农民服役。在原民主德国，16 世纪以来，形成一种特殊的封建领地制。每个庄园都由某个有骑士封号的贵族(俗称容克)统治着。容克享有大量超经济强制的权力，如领地裁判权，农民不得离开土地自由迁徙。容克庄园的经济特点是，容克本人是生产的直接领导者和经营者，以农奴制方式进行生产。

德国封建领地制的瓦解和资本主义生产关系形成的典型意义在于，产生了逐渐用资本主义剥削方式替代农奴制剥削方式，并保存着大量封建残余的改良道路。这就是列宁所说的“普鲁士式的道路”。其特点是：①由贵族地主阶级通过自上而下的一系列改良，而走上资本主义发展道路。②在长达半个多世纪的进程中，农奴制地主庄园演变为资本主义农场，容克地主逐渐资产阶级化，同时分化出少数“大农”，广大农奴则变成贫农和雇工。③容克地主土地所有制不是一下子被消灭掉的，而是慢慢适应资本主义制度，成为容克经济的基础。因此，资本主义保存半封建特征。在普鲁士式的发展道路下，农地集中于资本主义大农场及原来的容克手中，绝大多数农民无地或少地。中小农户的土地零碎分散。在全国，绝大多数小农（5～10 公顷）和中农（10～20 公顷）所利用的土地面积，一般都被分割为 10 块左右。中农的每一块地通常不超过 1 公顷，小农地不超过 0.5 公顷。租佃关系同农地私有制相比，居于次要地位。德国农地租佃关系与西欧各国比较，地主的地位要优越得多。地主完全有可能重新拥有租佃出去的土地。佃农既没有优先购买权，也没有指定租佃继承人的权力，虽然其政府强调租赁关系是改善农业结构的一种极好的有弹性的工具。因此，在德国，尽管土地私有制是德国土地制度的主体，土地租佃居于次要地位，但是近年来，土地租佃关系呈上升趋势。由于地价高昂，租赁成了集中土地，以提高其使用效率的一种有效而成本较低的手段。

纵观国际土地制度创新进程，每个国家和地区的土地制度都经历了两个发展阶段，即耕者有其田制度（平均地权阶段）和农地规模经营阶段，而每个阶段的产生都伴随着大规模的土地所有权和使用权的流转。20 世纪 80 年代以来，我国农村通过实行家庭联产承包责任制实现了劳动者与土地生产资料的结合，实现了土地所有权和使用权的分离，因而调动了亿万农民的生产经营积极性，促进了我国的经济建设和社会发展。正如前文所言，这一制度具有很大的局限性，难以解决土地经营规模较小，地块分割零碎，国家、集体、农户三者之间的利益关系不清等问题，农户的土地使用权流转还处于不够合理的状态，土地市场还很不规范，土地投机和隐性交易还大量存在，国家和集体的土地资产流失严重。因此，依法明确农户土地使用权、经营权的内涵，明确集体经济组织和农户因土地而发生的权利和义务关系，建立规范的土地市场，制定合理的土地流转制度，发展土地适度规模经营，是我国农地制度创新的重要任务之一。

第四节 农村土地流转的模式

为促进土地承包经营权流转和良性发展,本节对各地已经出现的流转模式进行归纳和分析,研究模式存在的问题,总结值得推广的模式,提出进一步规范完善我国农村土地承包经营权流转制度的政策建议。

一、农村土地承包经营权流转的几种主要模式

按照农户在流转中的行为特征划分,可以把几种流转模式归为 2 大类:一类是在单个农户之间自发进行的分散的经营权流转模式,以转让、转包、互换 3 种类型为主;另一类是有组织的集中的经营权流转模式,以出租、股份合作制、土地信托 3 种类型为主。

(一)农户自发流转的几种模式

1. 转让 指土地承包经营权人将其拥有未到期的土地承包经营权转移给他人的行为。

2. 转包 即农户在承包期内将承包地转包给其他农户经营,收取一定的费用或实物,原承包方与发包方的承包关系不变。

3. 互换 指土地承包人交换各自承包的土地全部或部分的行为。

目前,农户自发流转量占全部流转量的大部分。这是因为农户自发流转比较灵活方便,完全出于农民自愿,思想阻力小,对外部条件要求低,具有普适性。这类流转模式有效地避免了土地的弃耕和撂荒,促进了农村劳动力转移,提高了流入经营权农户的收入,对于农村经济的发展有积极意义。但是这种自发流转也存在以下弊端:一方面由于单个农户拥有的承包地面积十分有限,农户自发流转土地规模往往比较小,不易形成土地的成片化和吸引资

本投入;同时经营权流转的时间也比较短,一般期限在半年至5年,影响对土地的资金投入。另一方面,在这类自发流转中,流出经营权的农户往往是已经从事第二、第三产业的有文化的青壮年劳动力,流入经营权的农户往往是由于自身素质原因无法在第二、三产业就业的农户。因此,土地承包经营权从原来劳动生产率高的农户向劳动生产率低的农户流转,流转价格很低,甚至是无偿或者倒贴。从提高农民收入的角度来看,这种经营权流转对于提高流转出经营权的农户的收入收效甚微,对于流入经营权的农户,由于其自身经营素质的限制,农业收入的提高也是很有限的。

(二)农户有组织流转的几种模式

1. 出租 指土地承包人作为出租人将土地使用权出租给承租人使用,由承租人向出租人支付租金的模式。与农户自发流转模式不同之处在于,一般情况下会由村集体出面将愿意出租经营权的农户的分散零碎的农户承包地通过互换的方式连接成片,再由村集体组织出面同承租人谈判,统一出租。连接成片的土地为土地规模经营奠定了物质基础。

同时,村组织统一谈判,降低了交易成本,这种流转方式比较容易吸引农业龙头企业和承包大户承租土地。农业龙头企业和承包大户承租土地之后,根据市场需要调整经营品种,投入所需的资金与技术,促进了当地农业结构的调整,引导农业向规模化经营发展。同时,由于农业龙头企业和承包大户经营农业能比单个农户获得高得多的农业收益,流转出经营权的农户容易获得比自发流转高的租金收入,其中一部分农户还可以通过受雇于农业龙头企业和承包大户,获得稳定的工资收入。因此,这种流转模式比农户自发流转更能提高农户的农业收入。

2. 土地股份合作制模式 即把农民的土地承包权转化为长期股权,农民把土地的经营权委托合作社经营,依股权从土地收益中按一定比例获得分配的一种土地经营模式。目前土地股份合作制主要有以下 2 种形式：一是农民纯土地入股的股份合作社。这种形式土地一般不作价，由合作社统一组织对外发包或租赁，所得收入按入股土地份额进行分配。二是以农民入股土地为主，吸收资金、技术等入股组成的股份合作社。这种形式入股土地一般都要作价折股，经营第二、第三产业的土地作价参照当地征地补偿标准，经营农业的土地作价参照长年农业产值。合作社经营收益按股份进行分配。土地使用权的股份制的优点主要表现在以下几方面。

①有利于土地规模化经营　土地股权将农民同土地的关系间接化以后，使土地的社会保障功能完全与其生产要素功能分离开来。无论土地使用权怎样流动，代表农民土地利益的土地股份仍然由农民拥有，可以按期获得土地收益，这就鼓励了农地使用权的流动，有利于把土地经营权集中起来，进行适度的规模经营。

②有利于农民分享土地增值权益，保障农民对土地的长期收益权　如果合作社收入高，股金分红的标准也会逐年提高，比一次确定了租金的租赁模式更加灵活。

③为我国的城市化发展准备了条件　实行土地股份合作制大大提高了人地关系的自由度，农民可以自由地摆脱现存土地制度的束缚，为我国城市化发展准备了有利条件。然而，土地股份合作制作为一个值得推广的模式有比出租更加严格的条件。

推广土地股份合作制要考虑以下几个条件：一是，当地农村劳动力从事第二、第三产业的比例较高，土地经营的收入在当地农民收入中所占比重较低。成立土地股份合作社之后，真正能被合作社雇用的农村劳动力是很少一部分，大多数成为股东的农户只获得股份红利。二是，流转出的土地收益相对较高，转出土地的农户能得到比自己经营收益更多的红利。这实际上就是要求有一批实力较强的农业龙头企业可以与合作社合作，能以现代化手段经营符合市场需求的商品，获得较高的经济利润。三是，组成合作社的农民本身有一定的文化素质。合作社需要建立社员代表大会、董事会和监事会等组织，实行民主决策、民主管理。如果农民素质不过关，即使勉强成立了合作社，也很难正常运作。总之，土地股份合作制作为一个值得推广的模式，比较适宜在经济较发达，农户人均收入较高的地区进行。

3. 土地信托模式　是指土地信托服务机构受土地承包者委托，将其拥有的土地使用权在一定期限内转让给其他单位和个人的行为。该模式始发于浙江省绍兴县。2000 年初，浙江省绍兴县建立了县、镇、村三级服务体系。县设立土地信托服务中心，设在县经营管理总站内，负责土地信托服务的日常工作，并相应建立县土地信托协调领导小组，由县政府分管农业的副县长任组长。镇设立土地信托服务站，负责辖区内土地信托服务。村的土地信托服务由村经济合作社承担。需要流转土地承包经营权的农户可以到村里登记要求将自已的田地存入信托服务机构，村里把土地集中起来以后，汇总到镇信托服务站，然后通过招投标的方式将大片土地出租给种田大户或工商企业来经营，农民则根据自已流转的土地数量来获取租金。整个土地信托服务体系所提供的服务内容主要包括以下 3 个方面：一是土地流转前的土地使用权供求登记和信息发布。二是土地流转中的中介协调和指导签证。三是土地流转后的跟踪服务和纠纷调解。土地信托可以使土地从小范围流转扩大到大范围流转、克服配对量过小的弊端；可以使土地流转从临时性、个案性转变为经常性、整体性流转，适应农民在不同季节对土地流转的要求。土地信托模式的成功一方面取决于建立一套完整的服务体系并提供完善的服务内容，另一方面取决于用于经营权流转的承包地供给量与需求量。如果供给与需求数量不大，就没有必要专门成立中介结构来从事交易活动。而往往只有经济较发达地区，才会有比较大的供给与需求数量。

二、土地经营权流转模式要注意的几个问题

(一)要完善市场机制在土地经营权流转中的作用

我国农村土地承包经营权使用市场分为2个层次。一级市场是指村集体经济组织依法将土地承包经营权发包给农户,这是用行政手段按人人平等的原则分配的。二级市场指为了进一步合理配置土地生产要素资源而进行土地承包经营权流转的市场。只有以市场机制为手段的市场才可以真正起到合理配置资源的作用,而市场机制的核心是价格机制。在推广流转模式的过程中必须重视引入竞争机制,公开价格信息以完善价格机制。

(二)要加强土地流转规范管理

土地股份合作制与土地信托模式都是操作程序比较复杂的模式,形式相对简单的出租模式也有合同管理问题,因此必须建立土地流转监管指导体系,规范土地流转手续,查处违反国家法律,侵害农民利益的行为。

(三)政府要给予必要的财政和信息支持,促进流转顺利进行

无论何种流转模式要产生好的经济效益都需要吸引到好的农业投资方,或以承租方的方式或以合作社合作方、入股方的方式对农地投资。政府可以利用财政补贴对农地进行平整工作以改善农业投资环境,或者筹办专门的招商会,吸引投资方。

【案　例】

浙江土地流转多种模式推陈出新

台州椒江区下陈村人均耕地只有0.2亩,社员不愿意耕种,村里创造出“股田制”,把农户的耕地、村集体留地与边角地统一入股,兴办农业绿色园区等,村集体每年有168万元的收入,社员每年有500多元的分红。

这是浙江省探索出的土地入股的土地流转办法。即将农户土地承包经营权量化入股，由村统一经营或发包给公司、规模大户经营，村经济合作社按股份将土地经营所得在年终分红。

近年来，浙江省创造出了多种农村土地流转新模式，提高了土地集约化程度，土地入股只是诸多土地流转新模式的一种。

浙江省通常的土地流转模式主要包括两大类。一是有偿转包，指在集体经济组织内，承包农户将土地经营权以不超过剩余年限转包给第三方，双方签订契约，明确权利与义务，浙江省约一半流转土地面积是采取这种办法的；二是业主租赁，集体经济组织或承包农户将土地使用权出租给村社外的业主从事农业开发，并签订租赁协议并支付租金，全省 2006 年流转面积的 33% 是采取这种办法的。

据浙江省农业厅经管处副处长顾剑明介绍，一些地方还创新出 3 种新的流转形式。一是分季流转，指以生产季节划分，一块土地在不同季节由不同接包者种植，比如在龙游县，一些农民只种一季晚稻，而将早稻种植权流转给种粮大户傅献军；二是土地互换，指承包农户为便于管理，交换承包地块使用权，解决了个别承包户不愿意流转土地或连片流转的矛盾；三是土地托管，指由县、乡镇一级设立土地信托服务中心，村一级具体负责土地信托服务，目前全省已有 4 300 多个村建立了土地流转服务组织。

多种模式的创新，正在使浙江省的土地流转“星火”呈现“燎原”之势，据浙江省农业厅统计，到 2006 年底，全省共有 209 万农户流转出土地 393 万亩，占全省家庭承包经营农户的 22%，占总承包耕地的 19.8%。

（资料来源：新华网，2007-09-05）

第七章　农村土地资源利用与保护的法制管理

第一节　耕地利用与保护的法律规定

一、我国耕地利用和保护的相关法律规定

根据《中华人民共和国土地管理法》、《中华人民共和国土地管理法实施条例》和《基本农田保护条例》、《中华人民共和国刑法》等法律法规，当前我国对耕地利用和保护的法律规定主要集中在以下几个方面。

(一)土地用途管制法规

根据2004年8月28日第十届全国人民代表大会常务委员会第11次会议第2次修正的《中华人民共和国土地管理法》第4条第1款规定："国家实行土地用途管制制度。"该条第2款规定："国家编制土地利用总体规划，规定土地用途，将土地分为农用地、建设用地和未利用地。严格限制农用地转为建设用地，控制建设用地总量，对耕地实行特殊保护。"这里所称农用地是指直接用于农业生产的土地，包括耕地、林地、草地、农田水利用地、养殖水面等。该条第1款规定："使用土地的单位和个人必须严格按照土地利用总体规划确定的用途使用土地。"

根据1999年1月1日起正式施行的《基本农田保护条例》第15条规定："基本农田保护区经依法划定后，任何单位和个人不得改变或者占用。国家能源、交通、水利、军事设施等重点建设项目选址确实无法避开基本农田保护区，需要占用基本农田，涉及农用地转用或者征用土地的，必须经国务院批准。"

(二)耕地总量动态平衡制度

《中华人民共和国土地管理法》第33条规定:“省、自治区、直辖市人民政府应当严格执行土地利用总体规划和年度土地利用计划,采取措施,确保本行政区域内耕地不减少;耕地总量减少的,由国务院责令在规定期限内组织开垦与所减少耕地的数量与质量相当的耕地,并由国务院土地行政主管部门会同农业行政主管部门验收,个别省、自治区、直辖市确因土地后备资源匮乏,新增建设用地后,新开垦耕地数量不足以补偿所占用耕地的数量的,必须报经国务院批准减免本行政区域内开垦耕地的数量,进行易地开垦。”

(三)耕地占补平衡制度

《中华人民共和国土地管理法》第31条第1款规定:“国家保护耕地,严格控制耕地转为非耕地。”该条第2款规定:“国家实行占用耕地补偿制度。非农业建设经批准占用耕地,按照占多少、垦多少的原则,由占用耕地的单位负责开垦与所占用耕地的数量和质量相当的耕地;没有条件开垦的或者开垦的耕地不符合要求的,应当按照省、自治区、直辖市的规定缴纳耕地开垦费,专款用于开垦新的耕地。”

《基本农田保护条例》第16条规定:“经国务院批准占用基本农田的,当地人民政府应当按照国务院的批准文件修改土地利用总体规划,并补充划入数量和质量相当的基本农田。占用单位应当按照占多少、垦多少的原则,负责开垦与所占基本农田的数量与质量相当的耕地;没有条件开垦或者开垦的耕地不符合要求的,应当按照省、自治区、直辖市的规定缴纳耕地开垦费,专款用于开垦新的耕地。”

(四)耕地保护目标责任制度

根据《基本农田保护条例》关于“县级以上地方各级人民政府应当将基本农田保护工作纳入国民经济和社会发展计划,作为政府领导任期目标责任制的一项内容,并由上级人民政府监督实施”

的规定，各级政府应当建立以基本农田保护和耕地总量动态平衡为主要内容的耕地保护目标责任制，每年进行考核。

国务院办公厅 2005 年 10 月 28 日印发的《省级政府耕地保护责任目标考核办法》中第 2 条规定："各省、自治区、直辖市人民政府对《全国土地利用总体规划纲要》(以下简称《纲要》)确定的本行政区域内的耕地保有量和基本农田保护面积负责，省长、主席、市长为第一责任人。"第 4 条规定："耕地保护责任目标考核遵循客观、公开、公正的原则。从 2006 年起，每 5 年为 1 个规划期，在每个规划期的期中和期末，国务院对各省、自治区、直辖市各考核 1 次。考核的标准是：省级行政区域内的耕地保有量不得低于国务院下达的耕地保有量考核指标；省级行政区域内的基本农田保护面积不得低于国务院下达的基本农田保护面积考核指标；省级行政区域内各类非农建设经依法批准占用耕地和基本农田后，补充的耕地和基本农田的面积与质量不得低于已占用的面积与质量。同时符合上述 3 项要求的，考核认定为合格；否则，考核认定为不合格。"第 7 条规定："国务院对各省、自治区、直辖市的耕地保护责任目标考核结果进行通报。对认真履行责任目标且成效突出的给予表扬，并在安排中央支配的新增建设用地土地有偿使用费时予以倾斜；对考核认定为不合格的责令整改，限期补充数量、质量相当的耕地和补划数量、质量相当的基本农田，整改期间暂停该省(区、市)农用地转用和征地审批。"第 8 条规定："耕地保护责任目标考核结果，列为省级人民政府第一责任人工作业绩考核的重要内容。对考核确定为不合格的地区，由监察部、国土资源部对其审批用地情况进行全面检查，按程序依纪依法处理直接责任人，并追究有关人员的领导责任。"

【案　例】

宁夏完善耕地保护考核办法

日前，记者从西北地区土地利用管理政策研讨会上了解到，今年宁夏回族自治区政府在落实耕地保护责任制中按照与国家土地督察西安局达成的共识，完善了耕地保护责任制的签订、考核，在西北地区率先由各级政府“一把手”签订耕地保护目标责任书。

首先是高规格签订耕地保护目标责任书，落实各级政府“一把手”对耕地保护负总责制度。今年在自治区新一届政府第一次全体会议上，自治区政府主席王正伟与5个地级市政府市长签订了《2008年重要经济发展目标和约束性指标责任书》，将耕地保护、基本农田保护面积指标与GDP增长指标、节能减排指标放在同等重要地位，并由自治区政府效能目标管理考核办公室负责考核，体现了自治区政府对耕地保护及基本农田保护的重视，也表明自治区政府贯彻科学发展观，在处理保护资源与保障发展的关系上有新突破。

同时，耕地保护目标考核由部门行为上升为政府行为。今年2月26日，自治区政府下发了《关于印发2008年度耕地保护目标责任书任务分解指标解释及考核办法的通知》，着手落实耕地保护的共同责任。

此外，考核内容更加全面，考核办法更加合理。考核的主要内容有6项，即耕地保有量、基本农田保护面积、土地利用规划和土地利用计划管理、各类项目用地审批、耕地占补平衡以及第2次土地调查。考核实行百分制，内容细化为16项指标、58个评分点。考核结果达到90分以上的，取前3名进行奖励；80分以下的予以通报批评。（记者 康维海）

（资料来源：国土资源网，2008-08-12）

（五）基本农田保护制度

基本农田，是指按照一定时期人口和社会经济发展对农产品的需求，依据土地利用总体规划确定的不得占用的耕地。

基本农田保护区，是指为对基本农田实行特殊保护而依据土地利用总体规划和依照法定程序确定的特定保护区域。

《中华人民共和国土地管理法》第34条第1款规定："国家实行基本农田保护制度。下列耕地应当根据土地利用总体规划划入基本农田保护区，严格管理：经国务院有关主管部门或者县级以上地方人民政府批准确定的粮、棉、油生产基地内的耕地；有良好的水利与水土保持设施的耕地，正在实施改造计划以及可以改造的中、低产田；蔬菜生产基地；农业科研、教学试验田；国务院规定应当划入基本农田保护区的其他耕地。"该条第2款规定："各省、自治区、直辖市划定的基本农田应当占本行政区域内耕地的80%以上。"

《基本农田保护条例》第2条第1款规定："国家实行基本农田保护制度。"第3条规定："基本农田保护实行全面规划、合理利用、用养结合、严格保护的方针。"第10条第2款规定："根据土地利用总体规划，铁路、公路等交通沿线，城市和村庄、集镇建设用地区周边的耕地，应当优先划入基本农田保护区；需要退耕还林、还牧、还湖的耕地，不应当划入基本农田保护区。"

（六）农用地转用审批制度

《中华人民共和国土地管理法》第44条规定："建设占用土地，涉及农用地转为建设用地的，应当办理农用地转用审批手续。省、自治区、直辖市人民政府批准的道路、管线工程和大型基础设施建设项目、国务院批准的建设项目占用土地，涉及农用地转为建设用地的，由国务院批准。在土地利用总体规划确定的城市和村庄、集镇建设用地规模范围内，为实施该规划而将农用地转为建设用地的，按土地利用年度计划分批次由原批准土地利用总体规划的机关批准。在已批准的农用地转用范围内，具体建设项目用地可以由市、县人民政府批准。本条第2款、第3款规定以外的建设项目占用土地，涉及农用地转为建设用地的，由省、自治区、直辖市人民政府批准。”

第45条第1款规定：“征收下列土地的，由国务院批准：基本农田；基本农田以外的耕地超过35公顷的；其他土地超过70公顷的。”该条第3款规定：“征收农用地的，应当依照本法第44条的规定先行办理农用地转用审批。”

（七）土地开发整理复垦法规

《中华人民共和国土地管理法》第38条规定：“国家鼓励单位和个人按照土地利用总体规划，在保护和改善生态环境、防止水土流失和土地荒漠化的前提下，开发未利用的土地；适宜开发为农用地的，应当优先开发成农用地。”

第55条第2款规定：“自本法施行之日起，新增建设用地的土地有偿使用费，30%上缴中央财政，70%留给有关地方人民政府，都专项用于耕地开发。”

第41条第1款规定：“国家鼓励土地整理。县、乡（镇）人民政府应当组织农村集体经济组织，按照土地利用总体规划，对田、水、路、林、村综合整治，提高耕地质量，增加有效耕地面积，改善农业生产条件和生态环境。”该条第2款规定：“地方各级人民政府应当采取措施，改造中、低产田，整治闲散地和废弃地。”

第42条规定：“因挖损、塌陷、压占等造成土地破坏的土地，用地单位和个人应当按照国家有关规定负责复垦；没有条件复垦或者复垦不符合要求的，应当缴纳土地复垦费，专项用于土地复垦。复垦的土地应当优先用于农业。”

【案 例】

江苏省落实耕地保护责任大力加强土地复垦整理

2008年,江苏省积极落实耕地保护责任,大力加强土地复垦整理,全年新增耕地面积22.8万亩,实现全省建设占用耕地的占补平衡。

江苏省国土资源厅厅长夏鸣说,2008年,全省各地严格实行国土资源管理目标考核,省国土资源厅与各地签订了耕地保护目标责任书。全年共投入资金5.9亿元,建设基本农田示范区39.7万亩。大力加强土地复垦整理,投入资金32.9亿元,实施开发整理项目2 098个,涉及土地158.4万亩,新增耕地面积22.8万亩,实现全省建设占用耕地的占补平衡。去年全省土地供应总量同比减少19.2%,全年土地出让价款1 318亿元,较上年大幅下降。(新华社 记者 孙彬)

(资料来源:国土资源网 ,2009-02-05)

【案 例】

丽水市土地开发复垦和耕地保护工作成效明显

在土地的集约利用中,丽水市坚持“开源”与“节流”相结合,一方面加强耕地保护,一方面积极开展土地开发复垦整理工作,大力盘活存量土地,取得了明显的成效。

据丽水市国土资源局统计,1～9月,全市共立项土地整理项目23个,整理总面积13.56万亩,规划建设标准农田4.6万亩,其中已开工项目16个,面积7.47万亩,已通过市级验收项目9个,面积4.7万亩,建成标准农田1.57万亩;立项建设用地复垦项目218个,面积6 225.68亩,已开工项目196个,面积5 852.09亩,已通过市级验收项目 31 个，面积 618.9 亩；立项垦造耕地项目 45 个，面积 10 931 亩，已开工项目 37 个，面积 8 262.34 亩，已完成项目 12 个，面积 2 074 亩。

自 3 月 25～26 日专题召开全市土地开发暨建设用地复垦工作会议以来，各县(市、区)认真贯彻会议精神，积极采取有效措施，大力开展土地开发和建设用地复垦工作，层层落实耕地保护目标责任制。市政府与各县(市、区)政府签订了 2008 年度耕地保护目标责任书。完成了 2007 年各县(市、区)耕地保护责任目标执行情况的考核，并对考核的优秀单位进行了表彰。

同时，全市加强了基本农田保护示范区建设，全市共完成基本农田示范区建设 16 个，耕地面积 15 044.8 公顷，基本农田面积 13 863.89 公顷，设立宣传牌 15 个，永久性保护牌 21 个，保护界桩 1 463 个，与乡(镇)村签订基本农田保护责任书 280 份，保护卡 37 958 份。落实好表土层剥离和宅基地整理示范村试点工作。全市共确定表土剥离项目 10 个，目前已完成 7 个，1 个正在实施，2 个已完成招投标工作；丽水市上报省厅宅基地整理示范村建设 17 个，现已完成宅基地整理示范村建设 11 个，正在实施 6 个。根据省国土厅《关于开展全省标准农田上图入库工作的通知》[浙土资发(2008)10 号]精神，丽水市于今年 3 月正式启动标准农田上图入库工作。经各县(市、区)国土部门的共同努力，于 10 月 8 日已全面完成全市标准农田上图入库工作任务，共上图入库面积 64.378 9 万亩，储备面积 6.631 6 万亩。

(资料来源：国土资源网，2008-12-01)

(八)土地税费制度

《中华人民共和国土地管理法》第 31 条规定："建设占用耕地，如没有条件开垦或者开垦的耕地不符合要求，应缴纳耕地开垦费，用于开垦新耕地。"第 37 条规定："对于闲置、荒芜耕地要缴纳闲置费。"第 47 条规定："征用城市郊区菜地，要缴纳新菜地开发建设基金。”第 55 条规定:“对以出让方式取得国有土地使用权的建设单位,要缴纳新增建设用地土地有偿使用费。”

自 2008 年 1 月 1 日起施行的《中华人民共和国耕地占用税暂行条例》第 3 条第 1 款规定:“占用耕地建房或者从事非农业建设的单位或者个人,为耕地占用税的纳税人,应当依照本条例规定缴纳耕地占用税。”(该条例中所称的耕地是指用于种植农作物的土地)

第 7 条规定:“占用基本农田的,适用税额应当在本条例第 5 条第 3 款、第 6 条规定的当地适用税额的基础上提高 50%。”

第 10 条规定:“农村居民占用耕地新建住宅,按照当地适用税额减半征收耕地占用税。”

第 14 条第 1 款规定:“占用林地、牧草地、农田水利用地、养殖水面以及渔业水域滩涂等其他农用地建房或者从事非农业建设的,比照本条例的规定征收耕地占用税。”该条第 2 款规定:“建设直接为农业生产服务的生产设施占用前款规定的农用地的,不征收耕地占用税。”

法律规定的税费制度,是以经济手段保护耕地的重要措施。

(九)禁止耕地闲置、荒芜的法规

《中华人民共和国土地管理法》第 37 条第 1 款规定:“禁止任何单位和个人闲置、荒芜耕地。已经办理审批手续的非农业建设占用耕地,1 年内不用而又可以耕种并收获的,应当由原耕种该幅耕地的集体或者个人恢复耕种,也可以由用地单位组织耕种;1 年以上未动工建设的,应当按照省、自治区、直辖市的规定缴纳闲置费;连续 2 年未使用的,经原批准机关批准,由县级以上人民政府无偿收回用地单位的土地使用权;该幅土地原为农民集体所有的,应当交由原农村集体经济组织恢复耕种。”该条第 3 款规定:“承包经营耕地的单位或者个人连续 2 年弃耕撂荒的,原发包单位应当终止承包合同,收回发包的耕地。”

《基本农田保护条例》第18条第1款规定:"禁止任何单位和个人闲置、荒芜基本农田。经国务院批准的重点建设项目占用基本农田的,满1年不使用而又可以耕种并收获的,应当由原耕种该幅基本农田的集体或者个人恢复耕种,也可以由用地单位组织耕种;1年以上未动工建设的,应当按照省、自治区、直辖市的规定缴纳闲置费;连续2年未使用的,经国务院批准,由县级以上人民政府无偿收回用地单位的土地使用权;该幅土地原为农民集体所有的,应当交由原农村集体经济组织恢复耕种,重新划入基本农田保护区。"该条第2款规定:"承包经营基本农田的单位或者个人连续2年弃耕抛荒的,原发包单位应当终止承包合同,收回发包的基本农田。"

【案 例】

福建:连续2年弃耕收回土地承包权,撂荒农户不享受种粮补贴

福建省政府办公厅日前转发了由省农办、省农业厅、省国土资源厅、省财政厅联合制定的《关于防止耕地撂荒的意见》,禁止任何单位和个人闲置、荒芜耕地,对承包经营基本农田(耕地)的单位或个人连续2年弃耕撂荒的,原发包单位当终止承包合同,收回发包的基本农田(耕地);撂荒农户不得享受各种种粮补贴。

福建省要求各地制定撂荒耕地复种计划,实行分类指导:对弃农经商和外出务工无力耕种的,乡镇政府要督促发包方组织其他农户代耕;对水毁耕地,乡镇政府要及时组织农民修复,引导和鼓励农民及时复耕;对于边远山区生产能力低、生产条件差的非基本农田长年撂荒耕地,通过农业结构调整,种植其他经济作物,提高耕地产出率;对各类开发区、工业园区开而不发的耕地,依法收回或进行二次招商,对已办理征用手续但未在规定期限内进行建设

的，由县(市、区)组织专业户或集体复耕，未办征地手续的一律照常耕种。

该省提出，对无力耕种但又不愿放弃耕地承包经营权的农民，要积极引导其采取转包、出租、入股、互换、转让或其他方式流转耕地承包经营权。完善强农惠农政策的落实措施，各级财政对农业综合开发、土地整理、水利设施建设、优质粮工程项目的投入，应与耕地保护和对粮食安全的贡献直接挂钩。该省还规定，防止耕地撂荒工作由行政一把手负总责，严格各级政府耕地保护责任目标考核，耕地和基本农田保护情况列入领导干部绩效考评和离任审计的重要内容。对因工作不力出现大面积撂荒的市、县(区)，要进行通报或媒体曝光，并视情况追究有关领导和人员的责任。

(资料来源：国土资源网，2009-02-26)

(十)土地利用总体规划规定

《中华人民共和国土地管理法》第18条第2款规定："地方各级人民政府编制的土地利用总体规划中的建设用地总量不得超过上一级土地利用总体规划确定的控制指标，耕地保有量不得低于上一级土地利用总体规划确定的控制指标。"该条第3款规定："省、自治区、直辖市人民政府编制的土地利用总体规划，应当确保本行政区域内耕地总量不减少。"

第19条规定："土地利用总体规划按照下列原则编制：严格保护基本农田，控制非农业建设占用农用地；提高土地利用率；统筹安排各类、各区域用地；保护和改善生态环境，保障土地的可持续利用；占用耕地与开发复垦耕地相平衡。"

第31条第5款规定："土地利用总体规划一经批准，必须严格执行。"

(十一)耕地质量保护的法规

《中华人民共和国土地管理法》第35条规定："各级人民政府应当采取措施，维护排灌工程设施，改良土壤，提高地力，防止土地荒漠化、盐渍化、水土流失和污染土地。”

《基本农田保护条例》第 19 条规定：“国家提倡和鼓励农业生产者对其经营的基本农田施用有机肥料，合理施用化肥和农药。利用基本农田从事农业生产的单位和个人应当保持和培肥地力。”

(十二)限制耕地用途改变的法规

《中华人民共和国土地管理法》第 36 条第 1 款规定：“非农业建设必须节约使用土地，可以利用荒地的，不得占用耕地；可以利用劣地的，不得占用好地。”该条第 2 款规定：“禁止占用耕地建窑、建坟或者擅自在耕地上建房、挖沙、采石、采矿、取土等。”该条第 3 款规定：“禁止占用基本农田发展林果业和挖塘养鱼。”

《基本农田保护条例》第 17 条规定：“禁止任何单位和个人在基本农田保护区内建窑、建房、建坟、挖沙、采石、采矿、取土、堆放固体废弃物或者进行其他破坏基本农田的活动。禁止任何单位和个人占用基本农田发展林果业和挖塘养鱼。”

(十三)耕地保护法律责任法规

《中华人民共和国刑法》第 228 条规定：“以牟利为目的，违反土地管理法规，非法转让、倒卖土地使用权，情节严重的，处 3 年以下有期徒刑或者拘役，并处或者单处非法转让、倒卖土地使用权价额 5%以上 20%以下罚金；情节特别严重的，处 3 年以上 7 年以下有期徒刑，并处非法转让、倒卖土地使用权价额 5%以上 20%以下罚金。”

该法第 342 条规定：“违反土地管理法规，非法占用耕地改作他用，数量较大，造成耕地大量毁坏的，处 5 年以下有期徒刑或者拘役，并处或者单处罚金。”

第 410 条规定：“国家机关工作人员徇私舞弊，违反土地管理法规，滥用职权，非法批准征用、占用土地，或者非法低价出让国有土地使用权，情节严重的，处 3 年以下有期徒刑或者拘役；致使国家或者集体利益遭受特别重大损失的，处 3 年以上 7 年以下有期徒刑。”

《中华人民共和国土地管理法》第74条规定：“违反本法规定，占用耕地建窑、建坟或者擅自在耕地上建房、挖沙、采石、采矿、取土等，破坏种植条件的，或者因开发土地造成土地荒漠化、盐渍化的，由县级以上人民政府土地行政主管部门责令限期改正或者治理，可以并处罚款；构成犯罪的，依法追究刑事责任。”第75条规定：“违反本法规定，拒不履行土地复垦义务的，由县级以上人民政府土地行政主管部门责令限期改正；逾期不改正的，责令缴纳复垦费，专项用于土地复垦，可以处以罚款。”

《基本农田保护条例》第30条规定：“违反本条例规定，有下列行为之一的，依照《中华人民共和国土地管理法》和《中华人民共和国土地管理法实施条例》的有关规定，从重给予处罚：未经批准或者采取欺骗手段骗取批准，非法占用基本农田的；超过批准数量，非法占用基本农田的；非法批准占用基本农田的；买卖或者以其他形式非法转让基本农田的。”

该条例第33条规定：“违反本条例规定，占用基本农田建窑、建房、建坟、挖沙、采石、采矿、取土、堆放固体废弃物或者从事其他活动破坏基本农田，毁坏种植条件的，由县级以上人民政府土地行政主管部门责令改正或者治理，恢复原种植条件，处占用基本农田的耕地开垦费1倍以上2倍以下的罚款；构成犯罪的，依法追究刑事责任。”

第34条规定：“侵占、挪用基本农田的耕地开垦费，构成犯罪的，依法追究刑事责任；尚不构成犯罪的，依法给予行政处分或者纪律处分。”

这些法律、法规对耕地保护违法行为都规定了相应的行政法律责任。

二、其他国家耕地利用和保护的法律规定

英国国土面积狭小，耕地面积所占比重在西欧各国中是最小的。在“二战”以前，英国对耕地基本不予保护，工业化、城市化所需要的农产品主要依赖国外。“二战”以后，随着其殖民地和附属国的纷纷独立，以及国内工业发展和城市扩大对本国耕地面积的挤占，英国开始逐步加强对耕地保护。

英国政府以土地立法为根本手段，制定了一系列与土地有关的法令，来加强土地管理，有效进行耕地保护。1947 年修订了 1932 年颁布的《城镇和乡村规划法》，该法的主要内容就是由地方规划当局制定弹性发展规划，任何类型的开发活动都必须得到地方规划当局同意，并成立了中央土地局。其土地用途管制制度的核心是实行土地开发许可制度。该法后来经过多次修订和补充。此外还制定了《新城镇法》、《村庄土地法》等 10 多部与土地有关的法律。英国环境部于 1981 年制定《野生生物、田园地域法》，并提倡“科学研究指定地区”（多为劣质地）转为草地和林地，由政府支付补助金；1986 年，农渔业粮食部制定《农业法》，指定“环保农业地区”，并予以补贴。

日本人多地少，对土地管理和耕地保护一直很重视。日本 1952 年制定的《农地法》，把农地的各个地片作为对象进行严格管制，确保了一定数量的优质耕地。1961 年制定的《农业基本法》则将政府农业政策的基本目标确定为提高农业生产力和提高农业从业人员的收入水平。1969 年出台《农业振兴地域整备法》。1974 年制定的《国土利用计划法》规定在都道府县知事制定的土地利用基本规划中，要将土地划分为城市地域、农业地域等 5 个地域。5 大地域指定的重复部分有详细的土地利用调整规则，总体的原则是土地利用向着重视农地保护和生态保护的方向调整。例如：市街化调整区和农用地区、防护林、自然公园和自然保护特殊地域重

复时，农业地区、防护林、自然公园和自然保护特殊地域土地利用优先；农业地域与自然保护特殊地域重复时，自然保护特殊地域土地利用优先；按照规定，市街化及用途地区与农业地区不能重复指定，防护林和自然公园地域也不能与原始自然环境保护地区重复指定，等。1980 年《增进农用地利用法》的制定，使得日本的农地制度迎来了管制和促进流转这两种制度并存的新时代。1992 年出台的《农业经营基础强化促进法》使得日本农地制度开始向强化农业经营基础的制度进行转换。1999 年颁布的《食物·农业·农村基本法》指出农业的可持续发展不仅仅是指如何保持和利用农业的自然循环作用，而且还包括耕地和人力资源的合理利用。还包括了如何形成合理的经营体制这类问题，对旧《农业基本法》(1961)体制下耕地被过多占用或弃耕，农业生产后继乏人等棘手问题提出了解决对策。

加拿大耕地的保护和利用包括某些省份划分农地保护区，有效保护农地，如在农地保护区内转变土地用途，必须经过复杂的法律和行政程序方可转变。

法国 1960 年制定《农业指导法》，规定哪些土地可以提供给非农利用，并规定所划入农业区域的土地保证至少在土地规划公布十年内，不会受到非农化的威胁。

韩国为了有效保护农地，也制定了《农地法》、《农地改革法》等很多法律法规。《农地法》明确规定，农地是保障粮食供给和国土环境保护的基础，是决定农业生产力和国民经济的有限资源，应对农地进行保全和适于公共福利的管理。此外韩国还划分农业地域，包括耕地地区和聚落地区，作为土地用途管制的依据。规定农地转为非农地必须先取得中央政府主管部门长官签发的农地转用许可证后方可转用农地，并且规定了宅基地上限。同时在《农地扩大开发促进法》中规定，未经许可转用开发农地，处 5 年以下徒刑或处 1 000 万元以下罚金，或两者并罚。

以色列是农地保护的典范，其农用地保护目标即保障粮食安全。以色列农地数量少，气候干旱和农地地块小，但由于以色列农业技术的秘诀使其基本满足国内粮食需要，甚至出口。1965 年的《规划和住宅法》规定农地保护是地方、区域和国家各级规划的法定目标。所有规划当局必须把农地保护放在首位。以色列是中央集权国家，中央政府对 6 大区域规划进行审批，低一级规划必须服从上级规划，任何建设用地如道路、建筑物甚至围墙必须取得规划许可，农村住宅也不例外。以色列土地 93％归国有，农业公社从土地管理局获得土地长期租用权。任何农地转用必须获得审批。以色列认为任何土地在未来都有可能需要成为农地，最高法院裁定这种宣布不需要任何补偿。

第二节　农村其他土地利用与保护法律规定

一、林地资源利用与保护的规定

林地资源是我国森林资源的重要组成部分，根据 1998 年 4 月修正的《中华人民共和国森林法》和《森林法实施条例》的规定，林地包括郁闭度 0.2 以上的乔木林地以及竹林地、灌木林地、疏林地、采伐迹地、火烧迹地、未成林造林地、苗圃地和县级以上人民政府规划的宜林地。

林地是一种重要的综合性自然资源，是非常重要的涉及森林、土地等方面的经济价值较高的自然资源。它作为我国土地资源中的重要组成部分，具有土地的位置固定性和面积有限性的属性；同时它也是森林资源的重要组成部分，是发展森林的重要物质基础。保护和发展林地资源，有助于森林蓄水保土，调节气候和改善环境，关系到国土生态安全，关系到社会经济的可持续发展。

《中华人民共和国森林法》第 1 条提出制定《中华人民共和国

森林法》是为了保护、培育和合理利用森林资源，加快国土绿化，发挥森林蓄水保土、调节气候、改善环境和提供林产品的作用，适应社会主义建设和人民生活的需要。

根据《土地管理法》、《森林法》、《刑法》等的相关规定，我国对林地资源利用和保护的规定主要集中在以下几个方面。

(一)林地的所有权规定

《土地管理法》第 2 条规定："中华人民共和国实行土地的社会主义公有制，即全民所有制和劳动群众集体所有制。全民所有，即国家所有土地的所有权由国务院代表国家行使。任何单位和个人不得侵占、买卖或者以其他形式非法转让土地。土地使用权可以依法转让。"第 4 条规定："国家实行土地用途管制制度。"

根据《土地管理法》第 4 条，国家将土地分为农用地、建设用地和未利用地。其中农用地就包括林地。

《森林法》第 3 条第 1 款规定："森林资源属于国家所有，由法律规定属于集体所有的除外。"这些规定从法律上明确了林地的权属，为林地保护提供了最根本的、也是最重要的法律依据。

(二)林地使用权转让管制规定

《森林法》第 15 条第 1 款规定："下列森林、林木、林地使用权可以依法转让，也可以依法作价入股或者作为合资、合作造林、经营林木的出资、合作条件，但不得将林地改为非林地：用材林、经济林、薪炭林；用材林、经济林、薪炭林的林地使用权；用材林、经济林、薪炭林的采伐迹地、火烧迹地的林地使用权；国务院规定的其他森林、林木和其他林地使用权。"该条第 3 款规定："除本条第 1 款规定的情形外，其他森林、林木和其他林地使用权不得转让。"这说明我国只限于特定林地、商品林林地的使用权的转让，其他林地使用权不得转让。在我国林地所有权属于国家或者集体所有，林地流转不可改变林地所有权性质。而且规定林地使用权人不得改变林地用途，因而不改变林地所有权和林地用途成为林地使用权流转的前提条件。

（三）林地使用审批及用途管制规定

《土地管理法》第44条第1款规定："建设占用土地，涉及农用地转为建设用地的，应当办理农用地转用审批手续。"这里所称的农用地包括了林地。

《森林法》第18条第1款规定："进行勘查、开采矿藏和各项建设工程，应当不占或者少占林地；必须占用或者征用林地的，经县级以上人民政府林业主管部门审核同意后，依照有关土地管理的法律、行政法规办理建设用地审批手续，并由用地单位依照国务院有关规定缴纳森林植被恢复费。"这些法律规定构成了我国林地保护管理中的使用林地审批制度，反映出国家对林地的转用实行严格的审批手续。

（四）林地权属登记规定

根据2000年1月29日颁布实施的《中华人民共和国森林法实施条例》第4条规定："使用国家所有的其他森林、林木和林地的单位和个人，应当向县级以上地方人民政府林业主管部门提出登记申请，由县级以上地方人民政府登记造册，核发证书，确认森林、林木和林地使用权以及由使用者所有的林木所有权。"

（五）森林植被恢复规定

《森林法》第18条规定："森林植被恢复费专款专用，由林业主管部门依照有关规定统一安排植树造林，恢复森林植被，植树造林面积不得少于因占用、征用林地而减少的森林植被面积。上级林业主管部门应当定期督促、检查下级林业主管部门组织植树造林、恢复森林植被的情况。任何单位和个人不得挪用森林植被恢复费。县级以上人民政府审计机关应当加强对森林植被恢复费使用情况的监督。森林植被恢复费的实质意义：一是通过设置成本壁垒，达到不占或少占林地的目的；二是利用森林植被恢复费植树造林，保持林地总量的平衡和稳定增加；三是在国有资产和集体资产管理存有漏洞的情况下,有防止公有资产流失的作用。"该项规定为林地资源的恢复提供了资金保障,有利于林地资源的可持续发展。

(六)林地征用、占用规定

《森林法实施条例》第15条规定:"国家依法保护森林、林木和林地经营者的合法权益。任何单位和个人不得侵占经营者依法所有的林木和使用的林地。用材林、经济林和薪炭林的经营者,依法享有经营权、收益权和其他合法权益。防护林和特种用途林的经营者,有获得森林生态效益补偿的权利。"

第16条规定:"勘查、开采矿藏和修建道路、水利、电力、通讯等工程,需要占用或者征用林地的,必须遵守下列规定:一是用地单位应当向县级以上人民政府林业主管部门提出用地申请,经审核同意后,按照国家规定的标准预交森林植被恢复费,领取使用林地审核同意书。用地单位凭使用林地审核同意书依法办理建设用地审批手续。占用或者征用林地未经林业主管部门审核同意的,土地行政主管部门不得受理建设用地申请。二是占用或者征用防护林林地或者特种用途林林地面积10公顷以上的,用材林、经济林、薪炭林林地及其采伐迹地面积35公顷以上的,其他林地面积70公顷以上的,由国务院林业主管部门审核;占用或者征用林地面积低于上述规定数量的,由省、自治区、直辖市人民政府林业主管部门审核。占用或者征用重点林区的林地的,由国务院林业主管部门审核。"

第17条规定:"需要临时占用林地的,应当经县级以上人民政府林业主管部门批准。临时占用林地的期限不得超过2年,并不得在临时占用的林地上修筑永久性建筑物;占用期满后,用地单位必须恢复林业生产条件。"

(七)林地保护法律责任的规定

《森林法》第44条第1款规定:"违反本法规定,进行开垦、采石、采砂、采土、采种、采脂和其他活动,致使森林、林木受到毁坏的，依法赔偿损失；由林业主管部门责令停止违法行为，补种毁坏株数1倍以上3倍以下的树木，可以处毁坏林木价值1倍以上5倍以下的罚款。”

《刑法》第228条规定：“以牟利为目的，违反土地管理法规，非法转让、倒卖土地使用权，情节严重的，处3年以下有期徒刑或者拘役，并处或者单处非法转让、倒卖土地使用权价额5%以上20%以下罚金；情节特别严重的，处3年以上7年以下有期徒刑，并处非法转让、倒卖土地使用权价额5%以上20%以下罚金。”

二、草原土地利用与保护

草地是保护生态环境的天然屏障，具有多种不可替代的生态功能。草地是十分重要的自然资源，既是维系人类生存和发展的基本条件之一，也是陆地生态系统的主体组成部分，在调节气候、保持生物多样性、防风固沙、保持水土和维护生态平衡等方面的作用是其他自然资源不可替代的。同时，草地又是重要的生物资源，草业是国民经济可持续发展的一个产业部门。草地作为一种重要的战略资源，严格保护、科学利用、合理开发草地资源，对维护生态安全和食物安全，保护人类生存环境，促进经济社会全面协调可持续发展具有十分重要的战略意义。

为了保护、建设和合理利用草原，改善生态环境，维护生物多样性，发展现代畜牧业，促进经济和社会的可持续发展，我国于2003年3月1日起开始实施《中华人民共和国草原法》。该法适用于在我国领域内从事草原（天然草原和人工草地）规划、保护、建设、利用和管理的各项活动。

根据《土地管理法》、《草原法》、《刑法》等的相关规定，我国对草地资源利用和保护的规定主要集中在以下几个方面。

（一）草原土地的所有权规定

《土地管理法》第2条规定：“中华人民共和国实行土地的社会

主义公有制，即全民所有制和劳动群众集体所有制。全民所有，即国家所有土地的所有权由国务院代表国家行使。任何单位和个人不得侵占、买卖或者以其他形式非法转让土地。土地使用权可以依法转让。”

根据《土地管理法》第 4 条，国家将土地分为农用地、建设用地和未利用地。其中农用地就包括草地。并规定国家实行土地用途管制制度。

《草原法》第 9 条规定：“草原属于国家所有，由法律规定属于集体所有的除外。国家所有的草原，由国务院代表国家行使所有权。任何单位或者个人不得侵占、买卖或者以其他形式非法转让草原。”

这些规定从法律上明确了草地的权属，为草地保护提供了最根本、最重要的法律依据。

(二)建立基本草地保护制度的规定

《草原法》第 42 条规定：“国家实行基本草原保护制度。下列草原应当划为基本草原，实施严格管理：重要放牧场；割草地；用于畜牧业生产的人工草地、退耕还草地以及改良草地、草种基地；对调节气候、涵养水源、保持水土、防风固沙具有特殊作用的草原；作为国家重点保护野生动植物生存环境的草原；草原科研、教学试验基地；国务院规定应当划为基本草原的其他草原。”这些规定从法律上确立了基本草地的严格保护制度，这是为了保证基本草地不被擅自征用、占用或改变用途。

(三)草畜平衡的规定

《草原法》第 33 条规定：“草原承包经营者应当合理利用草原，不得超过草原行政主管部门核定的载畜量；草原承包经营者应当采取种植和储备饲草饲料、增加饲草饲料供应量、调剂处理牲畜、优化畜群结构、提高出栏率等措施，保持草畜平衡。”

该法第 45 条规定：“国家对草原实行以草定畜、草畜平衡制度。县级以上地方人民政府草原行政主管部门应当按照国务院草原行政主管部门制定的草原载畜量标准，结合当地实际情况，定期核定草原载畜量。各级人民政府应当采取有效措施，防止超载过牧。”

这些规定是要通过法律权威来增强农牧民的生态保护意识，鼓励农牧民积极发展饲草饲料生产，改良牲畜品种，控制草原牲畜放养数量，解决草原超载过牧问题，实现草畜动态平衡。

（四）划区轮牧、休牧和禁牧规定

《草原法》第 34 条规定：“牧区的草原承包经营者应当实行划区轮牧，合理配置畜群，均衡利用草原。”

该法第 48 条规定：“国家支持依法实行退耕还草和禁牧、休牧。”

这些规定是为了合理有效利用草原、保护牧草正常生长、繁殖及恢复草原植被。

（五）草原植被恢复规定

《草原法》第 65 条规定：“对违反草原保护、建设、利用规划擅自将草原改为建设用地的，限期拆除在非法使用的草原上新建的建筑物和其他设施，恢复草原植被，并处草原被非法使用前 3 年平均产值 6 倍以上 12 倍以下的罚款。”

第 66 条、第 67 条规定：“违反《草原法》规定，构成犯罪的要依法追究刑事责任；非法开垦草原尚不够刑事处罚的、在荒漠、半荒漠和严重退化、沙化、盐碱化、石漠化、水土流失的草原，以及生态脆弱区的草原上采挖植物或者从事破坏草原植被的其他活动的，以及擅自在草原上开展经营性旅游活动，破坏草原植被的，由县级以上人民政府草原行政主管部门依据职权责令停止违法行为，限期恢复植被，没收非法财物和违法所得，并处以一定罚款。”

（六）草原征用、占用规定

《草原法》第 38 条规定：“进行矿藏开采和工程建设，应当不占或者少占草原;确需征用或者使用草原的,必须经省级以上人民政府草原行政主管部门审核同意后,依照有关土地管理的法律、行政法规办理建设用地审批手续。”

第 39 条规定:“因建设征用集体所有的草原的,应当依照《中华人民共和国土地管理法》的规定给予补偿;因建设使用国家所有的草原的,应当依照国务院有关规定对草原承包经营者给予补偿。因建设征用或者使用草原的,应当交纳草原植被恢复费。草原植被恢复费专款专用,由草原行政主管部门按照规定用于恢复草原植被,任何单位和个人不得截留、挪用。”

第 40 条规定:“需要临时占用草原的,应当经县级以上地方人民政府草原行政主管部门审核同意。临时占用草原的期限不得超过 2 年,并不得在临时占用的草原上修建永久性建筑物、构筑物;占用期满,用地单位必须恢复草原植被并及时退还。”

(七)草原开垦、利用和经营的规定

《草原法》第 46 条规定:“禁止开垦草原。对水土流失严重、有沙化趋势、需要改善生态环境的已垦草原,应当有计划、有步骤地退耕还草;已造成沙化、盐碱化、石漠化的,应当限期治理。”

第49 条规定:“禁止在荒漠、半荒漠和严重退化、沙化、盐碱化、石漠化、水土流失的草原以及生态脆弱区的草原上采挖植物和从事破坏草原植被的其他活动。”

第 51 条规定:“在草原上种植牧草或者饲料作物,应当符合草原保护、建设、利用规划;县级以上地方人民政府草原行政主管部门应当加强监督管理,防止草原沙化和水土流失。”

第 52 条规定:“在草原上开展经营性旅游活动,应当符合有关草原保护、建设、利用规划,并事先征得县级以上地方人民政府草原行政主管部门的同意,方可办理有关手续。”

(八)草原保护法律责任的规定

《草原法》第 64 条规定:“买卖或者以其他形式非法转让草原,

构成犯罪的，依法追究刑事责任；尚不够刑事处罚的，由县级以上人民政府草原行政主管部门依据职权责令限期改正，没收违法所得，并处违法所得1倍以上5倍以下的罚款。”

《刑法》第228条规定：“以牟利为目的，违反土地管理法规，非法转让、倒卖土地使用权，情节严重的，处3年以下有期徒刑或者拘役，并处或者单处非法转让、倒卖土地使用权价额5%以上20%以下罚金；情节特别严重的，处3年以上7年以下有期徒刑，并处非法转让、倒卖土地使用权价额5%以上20%以下罚金。”

三、水资源和水域的利用与保护

根据2002年10月1日起施行的《中华人民共和国水法》，水资源包括地表水和地下水。

按照《土地利用现状调查技术规程》的划分，水域是指陆地水域和水利设施用地，不包括泄洪区和垦殖3年以上的滩地、海涂中的耕地、林地、居民点、道路等。水域用地中又分出河流水面、湖泊水面、水库水面、坑塘水面、苇地、滩涂、沟渠、水工建筑物、冰川及永久积雪9个二级地类。

为了合理开发、利用、节约和保护水资源，防治水害，实现水资源的可持续利用，适应国民经济和社会发展的需要，国家制定施行《中华人民共和国水法》。

根据《中华人民共和国水法》、《中华人民共和国渔业法》、《中华人民共和国水污染防治法》等法律法规，我国对水资源和水域利用和保护的规定主要集中在以下几个方面。

(一)水资源和水域保护、治理、补救及补偿规定

《中华人民共和国水法》第9条规定：“国家保护水资源，采取有效措施，保护植被，植树种草，涵养水源，防治水土流失和水体污染，改善生态环境。”

第31条规定：“从事水资源开发、利用、节约、保护和防治水害

等水事活动，应当遵守经批准的规划；因违反规划造成江河和湖泊水域使用功能降低、地下水超采、地面沉降、水体污染的，应当承担治理责任。开采矿藏或者建设地下工程，因疏于排水导致地下水水位下降、水源枯竭或者地面塌陷，采矿单位或者建设单位应当采取补救措施；对他人生活和生产造成损失的，依法给予补偿。”

第 35 条规定：“从事工程建设，占用农业灌溉水源、灌排工程设施，或者对原有灌溉用水、供水水源有不利影响的，建设单位应当采取相应的补救措施；造成损失的，依法给予补偿。”

《中华人民共和国渔业法》第 20 条规定：“从事养殖生产应当保护水域生态环境，科学确定养殖密度，合理投饵、施肥、使用药物，不得造成水域的环境污染。”

(二)饮用水水源保护区制度规定

《中华人民共和国水法》第 33 条规定：“国家建立饮用水水源保护区制度。省、自治区、直辖市人民政府应当划定饮用水水源保护区，并采取措施，防止水源枯竭和水体污染，保证城乡居民饮用水安全。”

第 34 条规定：“禁止在饮用水水源保护区内设置排污口。”

(三)地下水开采规定

《中华人民共和国水法》第 36 条规定：“在地下水超采地区，县级以上地方人民政府应当采取措施，严格控制开采地下水。在地下水严重超采地区，经省、自治区、直辖市人民政府批准，可以划定地下水禁止开采或者限制开采区。在沿海地区开采地下水，应当经过科学论证，并采取措施，防止地面沉降和海水入侵。”

(四)水域用途管制的规定

《中华人民共和国水法》第 37 条规定：“禁止在江河、湖泊、水库、运河、渠道内弃置、堆放阻碍行洪的物体和种植阻碍行洪的林木及高秆作物。禁止在河道管理范围内建设妨碍行洪的建筑物、构筑物以及从事影响河势稳定、危害河岸堤防安全和其他妨碍河道行洪的活动。”

第 39 条规定:“国家实行河道采砂许可制度。河道采砂许可制度实施办法,由国务院规定。在河道管理范围内采砂,影响河势稳定或者危及堤防安全的,有关县级以上人民政府水行政主管部门应当划定禁采区和规定禁采期,并予以公告。”

第 40 条规定:“禁止围湖造地。已经围垦的,应当按照国家规定的防洪标准有计划地退地还湖。禁止围垦河道。确需围垦的,应当经过科学论证,经省、自治区、直辖市人民政府水行政主管部门或者国务院水行政主管部门同意后,报本级人民政府批准。”

2008 年 6 月 1 日起施行的新修订《中华人民共和国水污染防治法》对禁止向水体排放物、地下采矿等防止水污染做出了一般规定。另外,对农业和农村水污染防治做出了明确规定。《水污染防治法》第 47 条规定:“使用农药,应当符合国家有关农药安全使用的规定和标准。运输、存贮农药和处置过期失效农药,应当加强管理,防止造成水污染。”

第 48 条规定:“县级以上地方人民政府农业主管部门和其他有关部门,应当采取措施,指导农业生产者科学、合理地施用化肥和农药,控制化肥和农药的过量使用,防止造成水污染。”

第 49 条第 2 款规定:“畜禽养殖场、养殖小区应当保证其畜禽粪便、废水的综合利用或者无害化处理设施正常运转,保证污水达标排放,防止污染水环境。”第 50 条规定:“从事水产养殖应当保护水域生态环境,科学确定养殖密度,合理投饵和使用药物,防止污染水环境。”

第 51 条规定:“向农田灌溉渠道排放工业废水和城镇污水,应当保证其下游最近的灌溉取水点的水质符合农田灌溉水质标准。利用工业废水和城镇污水进行灌溉,应当防止污染土壤、地下水和农产品。”

四、渔业用地利用与保护的法律规定

2004年修订施行的《中华人民共和国渔业法》、2000年4月1日起施行的《中华人民共和国海洋环境保护法》、《刑法》等法律对渔业用地的利用和保护都做出了相应的规定。

(一)养殖水域使用权取得规定

《中华人民共和国渔业法》第11条规定:"国家对水域利用进行统一规划,确定可以用于养殖业的水域和滩涂。单位和个人使用国家规划确定用于养殖业的全民所有的水域、滩涂的,使用者应当向县级以上地方人民政府渔业行政主管部门提出申请,由本级人民政府核发养殖证,许可其使用该水域、滩涂从事养殖生产。核发养殖证的具体办法由国务院规定。集体所有的或者全民所有由农业集体经济组织使用的水域、滩涂,可以由个人或者集体承包,从事养殖生产。"

(二)渔业用地征用规定

《中华人民共和国渔业法》第14条规定:"国家建设征用集体所有的水域、滩涂,按照《中华人民共和国土地管理法》有关征地的规定办理。"

(三)渔业用地防治污染、围垦的规定

《中华人民共和国渔业法》第19条规定:"从事养殖生产不得使用含有毒有害物质的饵料、饲料。"

第20条规定:"从事养殖生产应当保护水域生态环境,科学确定养殖密度,合理投饵、施肥、使用药物,不得造成水域的环境污染。"

第34条规定:"禁止围湖造田。沿海滩涂未经县级以上人民政府批准,不得围垦;重要的苗种基地和养殖场所不得围垦。"

第36条规定:"各级人民政府应当采取措施,保护和改善渔业水域的生态环境,防治污染。"

第15条规定:"县级以上地方人民政府应当采取措施,加强对商品鱼生产基地和城市郊区重要养殖水域的保护。”

《中华人民共和国海洋环境保护法》第 28 条规定：“国家鼓励发展生态渔业建设，推广多种生态渔业生产方式，改善海洋生态状况。新建、改建、扩建海水养殖场，应当进行环境影响评价。海水养殖应当科学确定养殖密度，并应当合理投饵、施肥，正确使用药物，防止造成海洋环境的污染。”

(四)渔业用地利用与保护法律责任规定

《中华人民共和国渔业法》第 40 条规定：“使用全民所有的水域、滩涂从事养殖生产，无正当理由使水域、滩涂荒芜满 1 年的，由发放养殖证的机关责令限期开发利用；逾期未开发利用的，吊销养殖证，可以并处 10 000 元以下的罚款。未依法取得养殖证擅自在全民所有的水域从事养殖生产的，责令改正，补办养殖证或者限期拆除养殖设施。未依法取得养殖证或者超越养殖证许可范围在全民所有的水域从事养殖生产，妨碍航运、行洪的，责令限期拆除养殖设施，可以并处 10 000 元以下的罚款。”

五、风景名胜区土地利用与保护

根据 2006 年 12 月 1 日起施行的《风景名胜区条例》第 2 条第 2 款规定：“本条例所称风景名胜区，是指具有观赏、文化或者科学价值，自然景观、人文景观比较集中，环境优美，可供人们游览或者进行科学、文化活动的区域。”

由此可以看出，风景名胜区，是指国家通过立法进行特殊保护和管理所划定的具有观赏、历史、文化和科学价值，自然景物和人文景物比较集中，环境优美，具有一定规模和范围，可供人们游览、休息和进行科学、文化活动的区域环境。

风景名胜区在保护生态、生物多样性及改善环境方面作用突出，不仅具有巨大的生态价值，而且还具有独特的文化价值和社会价值。

为了加强对风景名胜区的管理，有效保护和合理利用风景名胜资源，我国颁布了《风景名胜区条例》，并于 2006 年 12 月 1 日起正式施行。凡是风景名胜区的设立、规划、保护、利用和管理，都要遵循该条例。该条例对风景名胜区利用和保护的相关规定主要集中在以下几个方面。

(一)风景名胜区内景观和自然环境保护的规定

《风景名胜区条例》第 24 条第 1 款规定："风景名胜区内的景观和自然环境，应当根据可持续发展的原则，严格保护，不得破坏或者随意改变。"该条第 3 款规定："风景名胜区内的居民和游览者应当保护风景名胜区的景物、水体、林草植被、野生动物和各项设施。"

该条例第 26 条还规定："在风景名胜区内禁止进行下列活动：开山、采石、开矿、开荒、修坟立碑等破坏景观、植被和地形地貌的活动；修建储存爆炸性、易燃性、放射性、毒害性、腐蚀性物品的设施；在景物或者设施上刻划、涂污；乱扔垃圾。"

(二)风景名胜区内建设项目的规定

《风景名胜区条例》第 27 条规定："禁止违反风景名胜区规划，在风景名胜区内设立各类开发区和在核心景区内建设宾馆、招待所、培训中心、疗养院以及与风景名胜资源保护无关的其他建筑物；已经建设的，应当按照风景名胜区规划，逐步迁出。"

该条例第 30 条第 1 款规定："风景名胜区内的建设项目应当符合风景名胜区规划，并与景观相协调，不得破坏景观、污染环境、妨碍游览。"该条第 2 款规定："在风景名胜区内进行建设活动的，建设单位、施工单位应当制定污染防治和水土保持方案，并采取有效措施，保护好周围景物、水体、林草植被、野生动物资源和地形地貌。"

(三)风景名胜区内进行活动的规定

《风景名胜区条例》第 29 条规定："在风景名胜区内进行下列活动，应当经风景名胜区管理机构审核后，依照有关法律、法规的规定报有关主管部门批准：设置、张贴商业广告；举办大型游乐等活动；改变水资源、水环境自然状态的活动；其他影响生态和景观的活动。”

（四）风景名胜区保护法律责任的规定

《风景名胜区条例》第40条第1款规定：“违反本条例的规定，有下列行为之一的，由风景名胜区管理机构责令停止违法行为、恢复原状或者限期拆除，没收违法所得，并处50万元以上100万元以下的罚款：在风景名胜区内进行开山、采石、开矿等破坏景观、植被、地形地貌的活动的；在风景名胜区内修建储存爆炸性、易燃性、放射性、毒害性、腐蚀性物品的设施的；在核心景区内建设宾馆、招待所、培训中心、疗养院以及与风景名胜资源保护无关的其他建筑物的。”

该条例第41条规定：“违反本条例的规定，在风景名胜区内从事禁止范围以外的建设活动，未经风景名胜区管理机构审核的，由风景名胜区管理机构责令停止建设、限期拆除，对个人处2万元以上5万元以下的罚款，对单位处20万元以上50万元以下的罚款。”

第42条规定：“违反本条例的规定，在国家级风景名胜区内修建缆车、索道等重大建设工程，项目的选址方案未经国务院建设主管部门核准，县级以上地方人民政府有关部门核发选址意见书的，对直接负责的主管人员和其他直接责任人员依法给予处分；构成犯罪的，依法追究刑事责任。”

第43条规定：“违反本条例的规定，个人在风景名胜区内进行开荒、修坟立碑等破坏景观、植被、地形地貌的活动的，由风景名胜区管理机构责令停止违法行为、限期恢复原状或者采取其他补救措施，没收违法所得，并处1 000元以上1万元以下的罚款。”

第44条规定：“违反本条例的规定，在景物、设施上刻划、涂污或者在风景名胜区内乱扔垃圾的，由风景名胜区管理机构责令恢复原状或者采取其他补救措施,处50元的罚款;刻划、涂污或者以其他方式故意损坏国家保护的文物、名胜古迹的,按照治安管理处罚法的有关规定予以处罚;构成犯罪的,依法追究刑事责任。”

第45条规定:“违反本条例的规定,未经风景名胜区管理机构审核,在风景名胜区内进行下列活动的,由风景名胜区管理机构责令停止违法行为、限期恢复原状或者采取其他补救措施,没收违法所得,并处5万元以上10万元以下的罚款;情节严重的,并处10万元以上20万元以下的罚款:设置、张贴商业广告的;举办大型游乐等活动的;改变水资源、水环境自然状态的活动的;其他影响生态和景观的活动。”

第46条规定:“违反本条例的规定,施工单位在施工过程中,对周围景物、水体、林草植被、野生动物资源和地形地貌造成破坏的,由风景名胜区管理机构责令停止违法行为、限期恢复原状或者采取其他补救措施,并处2万元以上10万元以下的罚款;逾期未恢复原状或者采取有效措施的,由风景名胜区管理机构责令停止施工。”

第47条规定:“违反本条例的规定,国务院建设主管部门、县级以上地方人民政府及其有关主管部门有下列行为之一的,对直接负责的主管人员和其他直接责任人员依法给予处分;构成犯罪的,依法追究刑事责任:违反风景名胜区规划在风景名胜区内设立各类开发区的;风景名胜区自设立之日起未在2年内编制完成风景名胜区总体规划的;选择不具有相应资质等级的单位编制风景名胜区规划的;风景名胜区规划批准前批准在风景名胜区内进行建设活动的;擅自修改风景名胜区规划的;不依法履行监督管理职责的其他行为。”

第48条规定:“违反本条例的规定,风景名胜区管理机构有下列行为之一的,由设立该风景名胜区管理机构的县级以上地方人民政府责令改正;情节严重的,对直接负责的主管人员和其他直接责任人员给予降级或者撤职的处分；构成犯罪的，依法追究刑事责任：超过允许容量接纳游客或者在没有安全保障的区域开展游览活动的；未设置风景名胜区标志和路标、安全警示等标牌的；从事以营利为目的的经营活动的；将规划、管理和监督等行政管理职能委托给企业或者个人行使的；允许风景名胜区管理机构的工作人员在风景名胜区内的企业兼职的；审核同意在风景名胜区内进行不符合风景名胜区规划的建设活动的；发现违法行为不予查处的。”

第50条还规定对条例规定的违法行为，侵害国家、集体或者个人的财产的，有关单位或者个人还应当依法承担民事责任。

【案　例】

温岭四项措施加强风景名胜区保护

一是调查违法建设情况。由景区所在镇(街道)、景区管理机构对2003年以来的国家级、台州市级及温岭市级风景名胜区各类违法建设情况进行调查，摸清景区规划范围内破坏景观、乱搭乱建等违法建设现状，研究制定相应的对策措施。二是加强景区规划管理。严把规划审批关，通过完善项目审批手续，做到景区内所有新建项目必须符合景区规划，严禁违章建设，特别是在核心区内对不符合规划、未经批准以及与核心景区资源保护无关的各项建筑物、构筑物，提出搬迁、拆除或改作他用的处理方案。三是加大违章拆除力度。与相关部门开展联合执法，将违反《风景名胜区条例》、严重破坏景区周边生态环境的违章建筑列为拆除对象。四是强化景区普法宣传。在该市主要景区及其周边村庄设置普法宣传牌，向村民和游客普及景区资源保护相关法律知识，营造良好的依法保护景区资源氛围。

(资料来源：中华人民共和国住房和城乡建设部，2008-11-12)

参考文献

[1] 郭建平．农村土地资源管理．北京:中国社会出版社，2006.

[2] 张凤荣．土地保护学．北京:科学出版社,2006.

[3] 黄英,陈燕．农村宅基地整理模式与方法研究——以武汉市新洲区为例[J]．安徽农业科学:2005,33(12):2454-2455.

[4] 张慧．农村建设用地整理的范畴、原则及其他[J]．中国土地:2005(12):38-39.

[5] 邢世和．土地资源与利用规划．厦门:厦门大学出版社,2000.

[6] 王万茂,严金明．土地利用规划学．北京:中国大地出版社,1996.

[7] 王家梁．农地保护利用与土地使用管制[J]．中国土地科学,1998(6):1-5.

[8] 摆万奇,赵士洞．土地利用和土地覆盖变化研究模型综述[J]．自然资源学报，1997(2):169-175.

[9] 刘黎明．土地资源学(第4版)．北京:中国农业大学出版社,2007.

[10] 孟勤国．中国农村土地流转问题研究．北京:法律出版社,2009.

[11] 李军,马三喜,胡国利．农村土地流转法律问题研究．哈尔滨:哈尔滨地图出版社，2007.

[12] 中华人民共和国土地管理法(2004年8月28日第十届全国人民代表大会常务委员会第十一次会议修正)．新华网，http://news.xinhuanet.com.

［13］ 中华人民共和国土地管理法实施条例(1998年12月24日国务院第12次常务会议通过). 人民网,www.people.com.cn.

［14］ 基本农田保护条例(1998年12月24日国务院第12次常务会议通过). 中国农业信息网,www.agri.gov.cn.

［15］ 中华人民共和国森林法(1998年4月29日第九届全国人民代表大会常务委员会第二次会议修正). 中国政府网,www.gov.cn.

［16］ 中华人民共和国森林法实施条例(2000年1月29日中华人民共和国国务院令第278号公布). 中国政府网,www.gov.cn.

［17］ 中华人民共和国草原法(2002年12月28日第九届全国人民代表大会常务委员会第31次会议修订). 中华人民共和国环境保护部,www.sepa.gov.cn.

［18］ 中华人民共和国水法(2002年8月29日第九届全国人民代表大会常务委员会第二十九次会议通过). 中华人民共和国水利部 www.mwr.gov.cn.

［19］ 中华人民共和国水污染防治法(2008年2月28日第十届全国人民代表大会常务委员会第32次会议修订通过). 中国政府网,www.gov.cn.

［20］ 中华人民共和国渔业法(2004年8月28日第十届全国人民代表大会常务委员会第11次会议修正通过). 中国政府网,www.gov.cn.

［21］ 中华人民共和国海洋环境保护法(1999年12月25日第九届全国人民代表大会常务委员会第13次会议修订通过). 中国政府网,www.gov.cn.

［22］ 风景名胜区条例(2006年9月6日国务院第149次常务会议通过). 中华人民共和国司法部,www.legalinfo.gov.cn.

［23］ 中华人民共和国刑法(2005年2月28日第十届全国

人民代表大会常务委员会第 14 次会议修正通过). 中国政府网, www. gov. cn.

［24］ 陈茵茵,黄伟. 美国的农地保护及其对我国耕地保护的借鉴意义. 南京农业大学学报,2002,2(2):18-20.

［25］ 孔祥斌,张凤荣,姜光辉等. 国外农用地保护对北京市耕地保护的启示. 中国土地科学,2005,19(5):50-54.

［26］ 孙强,蔡运龙. 日本耕地保护与土地管理的历史经验及其对中国的启示. 北京大学学报(自然科学版),2008,44(2):249-256.

城郊农村如何发展畜禽养殖业	14.00
城郊农村如何发展花卉业	7.00
城郊农村如何发展苗圃业	9.00
城郊农村如何发展观光农业	8.50
城郊农村如何搞好农产品贸易	6.50
城郊农村如何办好集体企业和民营企业	8.50
城郊农村如何搞好小城镇建设	10.00
农村规划员培训教材	8.00
农资农家店营销员培训教材	8.00
新农村经纪人培训教材	8.00
农村经济核算员培训教材	9.00
农村气象信息员培训教材	8.00
农村电脑操作员培训教材	8.00
农村沼气工培训教材	10.00
耕地机械作业手培训教材	10.00
玉米农艺工培训教材	10.00
小麦植保员培训教材	9.00
小麦农艺工培训教材	8.00
水稻植保员培训教材	10.00
水稻农艺工培训教材(北方本)	12.00
绿叶菜类蔬菜园艺工培训教材(北方本)	9.00
绿叶菜类蔬菜园艺工培训教材(南方本)	8.00
豆类蔬菜园艺工培训教材(北方本)	10.00
蔬菜植保员培训教材(北方本)	10.00
蔬菜贮运工培训教材	10.00
果品贮运工培训教材	8.00
果树植保员培训教材(北方本)	9.00
果树育苗工培训教材	10.00
西瓜园艺工培训教材	9.00
茶厂制茶工培训教材	10.00
园林绿化工培训教材	10.00
园林育苗工培训教材	9.00
园林养护工培训教材	10.00
猪饲养员培训教材	9.00
奶牛饲养员培训教材	8.00
肉羊饲养员培训教材	9.00
羊防疫员培训教材	9.00
家兔饲养员培训教材	9.00
家兔防疫员培训教材	9.00
淡水鱼苗种培育工培训教材	9.00
池塘成鱼养殖工培训教材	9.00
家禽防疫员培训教材	7.00
家禽孵化工培训教材	8.00
蛋鸡饲养员培训教材	7.00
肉鸡饲养员培训教材	8.00
蛋鸭饲养员培训教材	7.00
肉鸭饲养员培训教材	8.00
养蜂工培训教材	9.00
小麦标准化生产技术	10.00

玉米标准化生产技术 10.00
大豆标准化生产技术 6.00
花生标准化生产技术 10.00
花椰菜标准化生产技术 8.00
萝卜标准化生产技术 7.00
黄瓜标准化生产技术 10.00
茄子标准化生产技术 9.50
番茄标准化生产技术 12.00
辣椒标准化生产技术 12.00
韭菜标准化生产技术 9.00
大蒜标准化生产技术 14.00
猕猴桃标准化生产技术 12.00
核桃标准化生产技术 12.00
香蕉标准化生产技术 9.00
甜瓜标准化生产技术 10.00
香菇标准化生产技术 10.00
金针菇标准化生产技术 7.00
滑菇标准化生产技术 6.00
平菇标准化生产技术 7.00
黑木耳标准化生产技术 9.00
绞股蓝标准化生产技术 7.00
天麻标准化生产技术 10.00
当归标准化生产技术 10.00
北五味子标准化生产技术 6.00
金银花标准化生产技术 10.00
小粒咖啡标准化生产技术 10.00
烤烟标准化生产技术 15.00
猪标准化生产技术 9.00
奶牛标准化生产技术 10.00
肉羊标准化生产技术 18.00
獭兔标准化生产技术 13.00
长毛兔标准化生产技术 15.00
肉兔标准化生产技术 11.00
蛋鸡标准化生产技术 9.00
肉鸡标准化生产技术 12.00
肉鸭标准化生产技术 16.00
肉狗标准化生产技术 16.00
狐标准化生产技术 9.00
貉标准化生产技术 10.00
菜田化学除草技术问答 11.00
蔬菜茬口安排技术问答 10.00
食用菌优质高产栽培技术问答 16.00
草生菌高效栽培技术问答 17.00
木生菌高效栽培技术问答 14.00
果树盆栽与盆景制作技术问答 11.00
蚕病防治基础知识及技术问答 9.00
猪养殖技术问答 14.00
奶牛养殖技术问答 12.00
秸杆养肉牛配套技术问答 11.00
水牛改良与奶用养殖技术问答 13.00
犊牛培育技术问答 10.00
秸秆养肉羊配套技术问答 12.00
家兔养殖技术问答 18.00
肉鸡养殖技术问答 10.00
蛋鸡养殖技术问答 12.00
生态放养柴鸡关键技术问答 12.00
蛋鸭养殖技术问答 9.00
青粗饲料养鹅配套技术问答 11.00
提高海参增养殖效益技术问答 12.00
泥鳅养殖技术问答 9.00
花生地膜覆盖高产栽培致

提高豆类蔬菜商品性栽培技术问答 10.00
提高苹果商品性栽培技术问答 10.00
提高梨商品性栽培技术问答 12.00
提高桃商品性栽培技术问答 14.00
提高中华猕猴桃商品性栽培技术问答 10.00
提高樱桃商品性栽培技术问答 10.00
提高杏和李商品性栽培技术问答 9.00
提高枣商品性栽培技术问答 10.00
提高石榴商品性栽培技术问答 13.00
提高板栗商品性栽培技术问答 12.00
提高葡萄商品性栽培技术问答 8.00
提高草莓商品性栽培技术问答 12.00
提高西瓜商品性栽培技术问答 11.00
图说蔬菜嫁接育苗技术 14.00
图说甘薯高效栽培关键技术 15.00
图说甘蓝高效栽培关键技术 16.00
图说棉花基质育苗移栽 12.00
图说温室黄瓜高效栽培关键技术 9.50
图说棚室西葫芦和南瓜高效栽培关键技术 15.00
图说温室茄子高效栽培关键技术 9.50
图说温室番茄高效栽培关键技术 11.00
图说温室辣椒高效栽培关键技术 10.00
图说温室菜豆高效栽培关键技术 9.50
图说芦笋高效栽培关键技术 13.00
图说苹果高效栽培关键技术 11.00
图说梨高效栽培关键技术 11.00
图说桃高效栽培关键技术 17.00
图说大樱桃高效栽培关键技术 9.00
图说青枣温室高效栽培关键技术 9.00
图说柿高效栽培关键技术 18.00
图说葡萄高效栽培关键技术 16.00
图说早熟特早熟温州密柑高效栽培关键技术 15.00
图说草莓棚室高效栽培关键技术 9.00
图说棚室西瓜高效栽培关键技术 12.00
北方旱地粮食作物优良品种及其使用 10.00